Oct 2014

MW00583517

El sendero de la meditación

Osho

El sendero de la meditación

Una guía paso a paso a la meditación

Título original: *The Path of Meditation. A Step by Step Guide to Meditation*

El sendero de la meditación. Una guía paso a paso a la meditación
© Osho International Foundation, Suiza (www.osho.com/copyrights), 1978, 1997.
Todos los derechos reservados.

OSHO ® es una marca registrada de Osho International Foundation. www.osho.com/trademark

D. R. © Editorial Lectorum, S. A. de C. V., 2013
Batalla de Casa Blanca Manzana 147 A Lote 1621
Col. Leyes de Reforma, 3a. Sección
C. P. 09310, México, D. F.
Tel. 5581 3202
www.lectorum.com.mx
ventas@lectorum.com.mx

L. D. Books, Inc.
Miami, Florida
ldbooks@ldbooks.com

ISBN: 978-607-457-311-4

D. R. © Portada: Lucero Elizabeth Vázquez Téllez

Los textos aquí incluidos son la transcripción de una serie de discursos originales titulados *The Path of Meditation. A step by step guide to meditation*, pronunciados por Osho ante diversos auditorios. Todos los discursos de Osho han sido publicados en versión original como libros y también están disponibles los archivos de audio. Éstos y los archivos completos de texto están disponibles para consulta en Internet, en la Biblioteca Osho: *www.osho.com*

Traducción y características tipográficas aseguradas conforme a la ley.
Prohibida la reproducción parcial o total sin autorización escrita del editor.

Impreso y encuadernado en México.
Printed and bound in Mexico.

Sobre *El sendero de la meditación*
Una guía para meditar paso a paso

Estas pláticas son transcripciones de un programa de meditación guiado por Osho en las bellas montañas de Mahabaleshwar, en la India. Ésta es una lectura obligada tanto para el nuevo como para el meditador experto. Aún más, es una invitación para experimentar con estas técnicas de transformación de vida.

Ésta es una explicación paso a paso sobre cómo preparar el cuerpo, la mente y las emociones para mejorar tu meditación. Osho guía a participantes y a lectores, por igual, en el uso del poder de las técnicas de la meditación y sugiere muchos usos útiles para apoyar tu meditación en la vida diaria.

También describe diferentes escenarios que pueden tener lugar en el sendero de la meditación.

La cultura que surgirá en el futuro, si verdaderamente es para la evolución de la humanidad, será un balance entre la ciencia y la religión. Esta cultura será una síntesis de religión y ciencia. No será sólo religiosa o sólo científica, será cualquiera de estas dos: científicamente religiosa o religiosamente científica.

OSHO

Prefacio

Cuando no haces nada —físicamente, mentalmente, en ningún nivel—, cuando toda actividad ha cesado y tú simplemente estás, sólo eres, entonces, estás meditando. No puedes hacerlo, no puedes praticarlo, sólo tienes que entenderlo.

Siempre que encuentres tiempo para simplemente ser, dejarás de hacer. Pensar es hacer; concentrarse es hacer; contemplar también es hacer. Hasta que no estés haciendo nada por un solo momento y te encuentres justo en tu centro, completamente relajado, entonces, estarás meditando. Y una vez que hayas encontrado la manera de hacerlo, puedes permanecer en este estado tanto tiempo como quieras; al final, puedes permanecer en este estado las veinticuatro horas del día.

Una vez que has tomado conciencia de cómo tu ser puede permanecer tranquilo, entonces, lentamente, puedes comenzar a hacer cosas, vigilando el que nada perturbe tu ser. Ésa es la segunda parte de la meditación. Primero hay que aprender a simplemente ser y, luego, aprenderás a hacer pequeñas cosas: limpiar el piso o bañarte, pero siempre centrado en ti mismo. Entonces, puedes hacer cosas más complicadas.

Por ejemplo, yo estoy hablando, pero mi meditación no se ha sido perturbada. Puedo continuar hablando, pero en mi centro no hay siquiera un murmullo; sólo existe el silencio, el completo silencio.

Por lo tanto, la meditación no es contraria a la acción.

No es que se tenga que escapar de la vida.

Simplemente nos enseña una nueva manera de vivir.

Tú te conviertes en en el centro de un huracán.

Tu vida continúa; sólo que ahora lo hace de una manera más intensa: con mayor alegría, con mayor claridad, con mayor visión, con mayor creatividad; incluso, te mantienes distante. Ahora, sólo eres el observador de la colina, simplemente viendo todo lo que sucede a tu alrededor.

No eres quien actúa, eres el que observa.

Ése es todo el secreto de la meditación, el que tú te conviertas en el observador. El hacer continúa en su propio nivel, eso no representa un problema: cortar madera, traer agual del pozo. Puedes hacer todas las pequeñas y grandes cosas; sólo una no es permitida: no debes perder tu centro.

Esa conciencia, esa vigilancia, debe permancer absolutamente clara y tranquila.

Meditar es un sencillo fenómeno.

OSHO
Tomado de *Misery to Enlightment*

Capítulo 1

El fundamento de la meditación

Mis muy amados:

Primero, quiero darles la bienvenida, porque tienen el anhelo de lo divino, porque desean ir más allá de una vida ordinaria, hacia la vida del buscador, y porque, a pesar de sus deseos mundanos, tienen sed por la verdad.

Quienes han sentido sed por la verdad son afortunados; de los millones de personas que han nacido, sólo unos cuantos sienten el anhelo de la verdad. Conocerla es una gran bendición; pero, incluso, tener anhelo por ella es una gran bendición. Aun si no llegan a alcanzarla, está bien; pero nunca haber experimentado del todo esta sed sería una gran desdicha.

Quisiera decir que no es importante conocer la verdad. Lo que es importante es el anhelo que tengas por ella, que te hayas esforzado para experimentarla, que hayas trabajado duro por ella y la hayas añorado, y que hayas estado determinado y hayas hecho todo lo que podías hacer hasta el final. Si a pesar de ello no la alcanzas, eso no es lo importante. Pero nunca haber experimentado del todo esta sed, eso sería una gran tragedia.

También quisiera decir que conocer la verdad no es tan importante como tener una auténtica añoranza de ella. Esta añoranza es por sí misma regocijo. Si se siente deseo por algo insignificante, no habrá regocijo, aunque se obtenga; pero si anhelas lo que es importante, lo que es fundamental, y no lo obtienes, entonces estarás pleno de regocijo, aunque no lo hayas obtenido. Repito: si deseas pequeñas cosas y las obtienes, aun así no serás tan feliz como cuando anhelas lo fundamental y no lo obtienes… Incluso así, te sentirás lleno de regocijo y felicidad.

Lo divino nacerá en ti, de acuerdo con la intensidad con que lo busques. Eso no significa que algún alma suprema o alguna energía del exterior entrará en tu ser. La semilla ya está presente dentro de ti y empezará a crecer. Pero sólo crecerá si estás dispuesto a darle ardor a tu sed, calor y fuego a tu sed. Mientras más añores la divinidad, mayor será la posibilidad de que la semilla que está escondida en tu corazón crezca; ésta brotará y llegará a ser lo divino; ésta abrirá y florecerá.

Si alguna vez has pensado en experimentar lo divino, si alguna vez has experimentado el deseo de silencio, de la verdad, entonces sabes que la semilla que mora dentro de ti está anhelando brotar. Esto significa que alguna sed escondida dentro de ti quiere ser satisfecha. Trata de entender que una importante lucha está tomando lugar dentro de ti; tendrás que ayudar y apoyar esta lucha. Tendrás que apoyarla, porque no es suficiente con que la semilla haya brotado: también se requiere mayor alimento del medio ambiente. Y aun si la semilla ha brotado, no significa que también florecerá. Para ello se necesita mucho más.

De muchas semillas dispersas en la tierra, sólo unas cuantas se convertirán en árbol. Existe esta posibilidad en todas ellas: todas ellas podrían brotar y crecer hasta convertirse en árboles, y cada una podría a su vez producir muchas semillas más. Una pequeña semilla tiene el poder, la posibilidad, de crear todo un bosque; ella encierra en sí misma la posibilidad de cubrir la Tierra entera con árboles. Pero también es posible que la semilla con este inmenso poder y potencial sea destruida y que nada salga de ella.

Y ésta es sólo la capacidad de una semilla; un hombre es capaz de mucho más que esto. Una semilla puede crear algo inmenso... Si una pequeña piedra puede ser usada para crear una explosión atómica... inmensa energía puede ser producida fuera de ella. Cuando alguien experimenta la fusión dentro de su ser, dentro de su conciencia, este florecimiento, esta explosión, la energía y la luz, son la experiencia de lo divino. Nosotros no experimentamos afuera la divinidad. La energía que nosotros producimos a través de esta explosión de la conciencia, este crecimiento, el florecimiento de nuestro ser, esta energía, por sí, misma es la divinidad. Y tú tienes sed de esta energía; es por eso que te doy la bienvenida.

Pero no necesariamente has venido hasta aquí porque tienes esta sed. Es posible que estés aquí como un mero espectador. Es posible que estés aquí por una vaga curiosidad. Pero las puertas no pueden ser abiertas por medio de una curiosidad vana, y ningún secreto será revelado a los meros espectadores. En la vida se tiene que pagar por cada cosa recibida, y mucho tiene que ser sacrificado.

La otra tarde le decía a alguien que si estás cerca de un oasis y te mueres de sed, si tu sed es intensa y sientes que podrías morir pronto si no encuentras agua, y si en ese momento alguien te la ofrece, pero con la advertencia de que después de haberla bebido, morirás, que el precio por el agua será tu vida, aun así, tendrás la buena voluntad de aceptar esta condición. Cuando la muerte es una certeza, entonces, ¿por qué no morir con tu sed apagada?

Si llevas este intenso anhelo y esperanza en tu interior, entonces, bajo esta tremenda presión, la semilla que hay en ti abrirá y comenzará a crecer. La semilla no brotará por sí sola; necesita ciertas condiciones. Necesita mucho empuje, mucho ardor, para romper su dura cubierta, y el delicado brote interior, para crecer. Cada uno de nosotros tiene esta dura cubierta, y si queremos salir de ella, no lo lograremos con la simple curiosidad. Así que recuerda esto: si estás aquí por simple curiosidad, te quedarás con tu curiosidad, y nada se podrá hacer para ayudarte. Y si estás aquí como mero espectador, te quedarás sólo como uno de ellos, y nada podrá hacerse por ti.

Así que es necesario que cada uno eche un vistazo en su interior y mire si tiene o no el auténtico anhelo de la divinidad. Cada uno de ustedes deberá hacerse esta pregunta: "¿Quiero conocer la verdad?". Sean muy claros en si su sed por la divinidad es auténtica, si sienten añoranza por la verdad, por el silencio, por la felicidad. Si no, entonces comprendan que todo lo que hagan aquí no tendrá significado, será un sinsentido, no tendrá propósito. Si su exiguo esfuerzo no da ningún fruto, la meditación no será la responsable; *ustedes* serán los responsables.

Así que, para comenzar, es necesario que rastreen a un auténtico buscador en su interior. Y sean claros acerca de esto: ¿de veras buscan algo? Y si lo hacen, entonces, éste es el camino para encontrarlo.

Hace tiempo, Buda visitó una aldea. Un hombre le preguntó:

—Todos los días dices que cada uno de nosotros puede convertirse en un iluminado. Entonces, ¿por qué no todos nos convertimos en iluminados?

—Mi amigo —respondió Buda—, haz esto: por la tarde crea una lista con toda la gente que vive en esta aldea y escribe sus deseos al lado de sus nombres.

El hombre fue a la aldea y le preguntó sus deseos a cada habitante. Era una aldea pequeña, con poca gente; así que ellos le dieron sus respuestas. El hombre volvió por la tarde y le entregó la lista a Buda, quien preguntó:

—¿Cuántas de estas personas buscan la iluminación?

El hombre se sorprendió, porque ni una sola persona había escrito que quería la iluminación. Y Buda dijo:

—Dije que todo hombre es capaz de alcanzar la iluminación, no dije que todo hombre quiere la iluminación.

Que cada hombre sea capaz de ser un iluminado es muy diferente a que cada hombre quiera ser un iluminado. Si lo quieres, entonces considera que es posible. Si tu búsqueda es por la verdad, no habrá poder sobre la tierra que pueda detenerte. Pero si no anhelas la verdad, entonces tampoco habrá poder que pueda dártela.

Así que primero necesitas preguntar si tu sed es real. Si es así, entonces, está seguro de que el sendero está disponible. Si no, entonces no hay sendero: tu sed será tu sendero a la verdad.

La segunda cosa que me gustaría decir, a propósito de una introducción, es que a menudo tienes sed de algo, pero no tienes fe en que obtendrás lo que deseas. Tienes un deseo, pero no eres optimista acerca de él. Hay un deseo, pero con un sentido de desesperanza.

Ahora, si el primer paso es dado con optimismo, entonces, el último paso será dado con optimismo. Esto también debe ser entendido: si el primer paso es dado sin optimismo, entonces, el último paso será dado con desesperación. Si quieres que el último paso sea satisfactorio y exitoso, el primer paso debe darse con optimismo.

Estoy diciendo que, durante estos tres días —y lo seguiré diciendo mientras viva—, debes tener una verdadera actitud optimista. ¿Te has dado cuenta de que la distancia en que se encuentra tu estado de conciencia depende de si tus actos están animados por una actitud positiva o por una negativa? Si eres pesimista al comenzar, es como si estuvieras sentado en la rama de un árbol y al mismo tiempo la estuvieras cortando.

Lo que estoy diciéndote es que ser abierto es muy importante en esta búsqueda. Ser optimista significa que sientes que si ha habido una sola persona en la tierra que haya entendido la verdad, si ha existido una sola persona en la historia de la humanidad que haya experimentado la felicidad divina y la paz, entonces no hay razón por la que tú no puedas experimentarlas también.

No mires a los millones de personas cuyas vidas están llenas de oscuridad, a aquellos cuyas esperanzas jamás han visto la luz del día; mira a la gente que a lo largo de la historia *ha experimentado* la verdad. No mires las semillas que nunca crecieron ni se convirtieron en árboles, que fueron malgastadas: mira a aquellas pocas que fueron exitosas y experimentaron la divinidad. Y recuerda: lo que fue posible para aquellas semillas es posible para todas las semillas. Lo que un hombre puede experimentar, todos los hombres pueden también experimentarlo.

Tu capacidad como semilla es la misma que la de Buda, o la de Mahavira, o la de Krishna o la de Cristo. La iluminación no tiene favoritos; todo hombre tiene la misma posibilidad. Pero no se ha mostrado así, porque muchos de nosotros no hemos intentado hacer de la iluminación una realidad.

Así que ser optimista es una necesidad básica. Ten la certeza de que si cualquiera ha experimentado la paz, de que si cualquiera ha experimentado la felicidad, esto es también posible para ti. No te humilles siendo pesimista. Sentirte pesimista es insultarte a ti mismo. Significa que no crees merecer la experiencia de la verdad. *Eres* merecedor y ciertamente lo lograrás.

¡Inténtalo y velo! Has vivido toda tu vida con un sentimiento de desesperanza; ahora, durante estos tres días del campamento de meditación, alimenta un sentimiento de optimismo. Ser tan optimista como sea posible de modo que lo fundamental suceda, que definitivamente suceda. ¿Por qué? En el mundo exterior es posible aproximarse a algo con optimismo y no tener éxito. Pero en el mundo interior, el optimismo un recurso muy útil. Cuando estás lleno de optimismo, cada célula de tu cuerpo se llena de optimismo, cada poro de tu piel está lleno de optimismo, cada respiro está lleno de optimismo, cada pensamiento está iluminado con optimismo, tu energía vital vibra con optimismo y el latido de tu corazón se esparce con optimismo. Cuando todo tu ser está lleno de optimismo, entonces creará un ambiente en el cual lo esencial puede pasar.

El pesimismo también crea una personalidad, un carácter en el que cada célula está llorando, está triste, está agotada, está desesperada, sin vida, como si sólo viviera tu cuerpo pero tu espíritu estuviera muerto. Si esta persona se aventura en un viaje para buscar algo... Y el viaje por el sendero espiritual es un gran viaje: ningún hombre ha escalado montaña más alta que ésta; ningún hombre ha buceado nunca en océano más profundo. La profundidad de uno mismo es la más profunda y la cumbre es la más alta. Quien quiera caminar por este sendero deberá ser *muy* optimista.

Así que estoy diciéndote que por estos tres días mantendrás un muy optimista estado mental. Esta noche, cuando vayas a tu cama, quédate dormido lleno de optimismo. Y duerme con la seguridad de que por la mañana, cuando te levantes, algo pasará, algo puede pasar, algo puede ser hecho.

Ten una actitud optimista, y junto con ella también me gustaría decir esto: después de muchos años de experiencia he llegado a la conclusión de que el pesimismo del hombre puede ser tan fuerte que, incluso, si comienza la búsqueda de algo, no será capaz de verlo precisamente por su pesimismo.

Hace algún tiempo, un hombre acostumbraba venir conmigo y traía a su esposa. La primera vez que nos encontramos me dijo que ella no podía dormir, y me describió su condición: "Ella no puede dormir sin medicinas, y aun con medicinas; ella sólo puede dormir por tres o cuatro horas. Y mi esposa tiene miedo; extraños temores la asedian. Teme salir de la casa, y si está en la casa, teme que la casa se caiga. Si no hay nadie alrededor, teme que si está sola, pudiera morir, así que constantemente necesita a alguien alrededor. Por las noches, guarda todas sus medicinas cerca de ella, por si se presentara alguna emergencia".

Le sugerí que comenzara a practicar pequeñas meditaciones que pudieran ayudarla. Ella comenzó a experimentar. Después de siete días, nos volvimos a encontrar y le pregunté: "¿Qué ha pasado? ¿Cómo está tu esposa?".

Él dijo: "No ha habido mucho progreso; ella sólo duerme mejor".

Después de una semana, lo volví a encontrar, y le pregunté: "¿Algún cambio?".

Y él dijo: "Su condición no ha cambiado mucho, pero está un poco menos temerosa".

Lo volví a encontrar después de siete días y le pregunté: "¿Nada ha pasado?".

"Nada significativo", dijo. "Ella ya puede dormir algo, es menos temerosa y ya no mantiene las medicinas cerca de ella: no mucho".

19

Yo llamo a esto una visión negativa. Aun si este hombre hubiera experimentado algo, no hubiera sido capaz de verlo, de reconocerlo. Y esta visión se construye en el interior. Lo que significa que una persona no experimentará nada e, incluso, si experimentara algo, no sería capaz de reconocerlo; y mucho de lo que pudiera ser posible de otra manera, será obstaculizado.

Además, tener un acercamiento positivo, también sugiere que durante estos tres días sólo pienses en lo que te está pasando, sin tratar de pensar en lo que no te está pasando. En estos tres días, pase lo que pase, observa. Y olvídate de lo que no está pasando, que podría no pasar. Sólo recuerda lo que experimentaste. Incluso si has tenido una pequeña probada de paz, de silencio, aliméntate de ello. Te dará esperanza y también te empujará hacia delante. Porque si te alimentas de algo que nunca pasó, perderás tu momento, y lo que sí pasó, se destruirá.

Así que en estos tres días, en tus experimentos con la meditación, pon atención a cada pequeña cosa que sientas y haz de ello la base de tu progreso. No le des nada de tu energía a lo que no pasó.

El hombre siempre ha sido infeliz porque olvida lo que tiene y trata de obtener lo que no puede tener. Basar tu vida en esto es absolutamente erróneo. Sé alguien que entiende lo que tiene y vive con base en ello.

En alguna parte leí que un hombre se quejaba con otro:

—Soy un hombre muy pobre. No tengo nada.

Así que el segundo hombre dijo:

—Si eres tan pobre, puedes hacer una cosa: quiero tu ojo derecho. Te daré cinco mil rupias por él. Ten estas cinco mil rupias y dame tu ojo derecho.

Y el primer hombre dijo:

—Eso es muy difícil, no puedo darte mi ojo derecho.

Entonces, el otro hombre le ofreció:

—Te daré diez mil rupias por tus dos ojos.

De nuevo, el primer hombre contestó:

—¡Diez mil rupias! Pero aun así no puedo darte mis dos ojos.

En este punto, el otro hombre le propuso:

—Te daré cincuenta mil rupias si me das tu vida.

Ante esto, el primer hombre dijo:

—¡Pero eso es imposible! No puedo darte mi vida.

El segundo hombre dijo, entonces:

—Esto prueba que tienes muchas cosas valiosas. Tienes dos ojos, que no venderías por diez mil rupias, y tienes tu vida... ¡Y decías que no tenías nada!

Estoy hablando acerca de este tipo de persona y de este tipo de pensamiento. Valora lo que tienes, y también lo que experimentas a través de la meditación, aun si son pequeñas cosas. Piensa en ello, habla de ello, porque que experimentes más dependerá de esta forma de pensar, y tu optimismo creará más. Y lo que no entiendes...

Una mujer acostumbraba visitarme; ella era bien educada, era profesora en la universidad y una erudita en sánscrito. Estaba en un campamento de siete días de meditación, y en el primer día, después de la meditación, vino a mí y me dijo: "Perdóname, pero no experimenté ninguna comunión con la divinidad".

¡Era el primer día del experimento y ella decía que no se había encontrado con la divinidad!

Así que le dije: "Si te hubieras encontrado con la divinidad, esto habría sido muy peligroso, porque si pudieras encontrarte con la divinidad tan fácilmente, no lo valorarías". Y agregué: "Una persona sería realmente estúpida si pensara que sólo con sentarse en silencio, con los ojos cerrados, por diez minutos está preparada para conocer la divinidad".

Así que si experimentas incluso el más pequeño rayo de silencio, considera que has visto todo el sol, porque aun la más pequeña experiencia de luz te ayudará a alcanzar el sol. Si estoy sentado en un cuarto oscuro y veo un delgado rayo de luz, hay dos formas en las que me puedo conectar con él. Una sería diciendo: "¿Qué es este pequeño rayo de luz comparado con la profunda oscuridad que me rodea? ¿Qué puede hacer un pequeño rayo de luz? Hay mucha oscuridad a mi alrededor".

La otra forma podría ser pensar: "A pesar de toda esta oscuridad, hay, por lo menos, un rayo de luz disponible para mí, y si voy hacia él, podré encontrar la fuente de donde el sol procede". Ésta es la razón por la que te digo que no observes la oscuridad; si hay por lo menos el más débil, el más fino, rayo de luz, concéntrate en él. Te elevará a una visión positiva.

Normalmente, tu vida es exactamente lo opuesto. Si te muestro un rosal, seguramente dirás: "¿Qué es lo que hay que ver ahí? La existencia es muy injusta, ahí hay sólo tres o cuatro rosas y millones de espinas". Esto es sólo una forma de ver las cosas: ver el rosal y decir: "¡La existencia es muy injusta! ¡Hay millones de espinas y sólo unas cuantas rosas!". Esto es sólo una manera de percibir las cosas, un enfoque. Otra forma sería decir: "La existencia es muy misteriosa: entre esas miles de espinas creó una rosa". También podrías ver esto y decir: "Una rosa entre todas esas espinas... ¿No es un mundo misterioso? Realmente parece un milagro: la posibilidad de que brote una rosa entre todas esas espinas".

Así que me gustaría pedirte que tomaras el segundo punto de vista. En estos tres días apóyate en el más delgado rayo de esperanza que veas en tu meditación, y deja que se vaya haciendo fuerte.

La tercera cosa es que, durante estos tres días de meditación, no sigas viviendo de la misma manera en que los has hecho hasta esta tarde. El hombres es un robot lleno de hábitos, y si uno se mantiene dentro de los límites de los hábitos, el nuevo sendero de la meditación será muy difícil. Por lo tanto, sugiero que hagas unos pequeños cambios.

Uno de esos cambios será que, durante estos tres días, hables lo menos posible. ¡Hablar es la gran aflicción de este siglo! Y tú todavía no eres consciente de lo mucho que hablas. De la mañana a la noche, hasta que te vas a dormir, continúas hablando. Sea como sea, hablas con alguien más o, si no hay con quién hablar, hablas contigo mismo.

Durante estos tres días, sé consciente de tu continuo hábito de hablar. Y es sólo un hábito. Para un meditador, esto es vital. Durante estos tres días me gustaría que hablaras lo menos posible, y cuando hables, que sea puro, no el ordinario parloteo de todos los días. De hecho, ¿de qué hablas todos los días? ¿Tiene algún valor? ¿Sería perjudicial si no hablaras? Simplemente estás parloteando, lo que no vale mucho la pena. Y si no hablaras, ¿sería perjudicial para los otros? ¿Sentirían que algo falta por no escuchar lo que tienes que decir?

Durante estos tres días recuerda que no hablarás mucho con nadie. Esto es extraordinariamente útil. Y si hablas, sería mejor que lo hicieras conectada con la meditación y nada más. Pero todavía sería mejor si no hablas: permanecer en silencio tanto como sea posible. Esto no significa que seas tan estricto que te fuerces a permanecer en silencio o que escribas lo que quieres decir. Eres libre de hablar, pero no de parlotear. Habla conscientemente y sólo cuando sea necesario.

Esto te ayudará de dos maneras. El primer beneficio será que guardarás la energía que gastas hablando. Entonces, esa energía podrás usarla para meditar. El segundo beneficio será que te desconectarás de los otros y estarás con tu soledad durante este tiempo. Hemos venido a esta montaña, y sería un desperdicio si las doscientas personas que nos hemos reunido aquí viniéramos sólo para hablar con los otros, para charlar con los otros. Entonces, deberías permanecer entre la multitud, donde estabas antes, porque no eres capaz de experimentar el silencio.

Para experimentar el silencio no basta con estar en las montañas. También es necesario separarte de los otros y permanecer solo. Y sólo contactar con los demás si es absolutamente necesario. Imagina que eres la única persona en esta montaña y no hay nadie alrededor. Tienes que vivir como si hubieras venido solo, permaneces solo y en los alrededores te mueves solo. Siéntate solo bajo un árbol. No lo hagas con un grupo de personas. Vive independiente y solo durante estos tres días. La verdad de la vida no ha sido conocida viviendo entre la multitud, y no podrá experimentarse así. Ninguna experiencia con algún significado ha tenido lugar entre una multitud. Quienquiera que haya probado el silencio lo ha probado en absoluta soledad.

Cuando dejas de hablar con los demás, y cuando tu parloteo interior y exterior para, la naturaleza comienza a comunicarse contigo de manera misteriosa. La naturaleza se comunica continuamente contigo, pero estás tan absorto con tu parloteo, que no escuchas su suave voz. Deberás aquietarte de tal forma que puedas oír la voz que habla en ti.

Así que en estos tres días hablar deberá ser conscientemente restringido. Si lo olvidas y comienzas a hablar como de costumbre, y luego te acuerdas que deberías estar en silencio, detente en ese momento y discúlpate. Permanece solo. Deberás experimentar con esto mientras estés aquí, pero también lo intentarás por tu cuenta.

Ve a cualquier lado que desees, siéntate bajo un árbol; has olvidado completamente que eres parte de la naturaleza. Tampoco sabes que permanecer cerca de la naturaleza hace más sencilla la experiencia de lo supremo; en ningún lado más es tan sencillo.

Así que aprovecha estos tres increíbles días. Permanece aislado, en soledad, y no hables más que lo necesario. Incluso, si todos permanecen en silencio, continúa solo. Un meditador tiene que estar solo. Hay mucha gente aquí, así que cuando nos sentamos a meditar, parece que hubiera una concurrencia de personas meditando. Siéntate aquí, estás en un gran grupo, pero cuando vayas a tu interior, te sentirás solo.

Cuando cierres tus ojos y te sientas solo, y cuando estés en silencio, no existirá más ningún grupo. Habrá doscientas personas aquí, pero cada una estará sólo consigo mismo y no con los otros ciento noventa y nueve meditadores. No se puede meditar colectivamente. Todas las oraciones, todas las meditaciones, son individuales, son privadas.

Permanece solo aquí, y también cuando te vayas. Y permanece el mayor tiempo posible en silencio. No hables. Pero no será tan fácil dejar de hablar, también necesitarás hacer un esfuerzo consciente para detener el constante parloteo que fluye dentro de ti. Te hablas a ti mismo, te contestas a ti mismo; aquiétate y suelta eso también. Si te es difícil detener este parloteo interior, entonces dite firmemente que se detenga este ruido, dite a ti mismo que no te gusta el ruido.

Habla con tu ser interior. Como meditador, es importante que te hagas recomendaciones. Intenta esto alguna vez. Siéntate solo en algún lugar, dile a tu mente que pare de parlotear, dile a tu mente que no te gusta, y te sorprenderás al ver que, por un momento, tu parloteo interior se detiene.

Por estos tres días recomiéndate no hablar. En tres días notarás la diferencia… que paso a paso, lentamente, lentamente, el parloteo está disminuyendo.

El cuarto punto: debes tener algunas quejas, algunos problemas, pero no les prestarás atención. Si experimentas algún pequeño problema o dificultad, no le des tu atención. No estamos aquí por diversión.

Recientemente leí la historia de una monja china. Visitaba una aldea que tenía sólo unas cuantas casas; estaba sola, y mientras se iba haciendo de noche, se paró frente a todas las casas y les pidió a los aldeanos: "Por favor, déjenme quedar en una de sus casas".

25

Ella era una extraña para ellos y, además, practicaba una religión diferente, así que los aldeanos le cerraron las puertas. La aldea más próxima se encontraba muy lejos, y estaba oscuro, y ella estaba sola. Así que fue a pasar la noche en un campo y se durmió bajo un árbol de cerezas. A la mitad de la noche despertó; tenía frío y eso no le permitía conciliar el sueño. Miró alrededor y vio que todas las flores habían floreado; los árboles estaban cubiertos con flores. Y la luna había salido, y su luz era muy hermosa. Entonces experimentó un momento de inmensa dicha.

Por la mañana volvió a la aldea y le agradeció a la gente que se había rehusado a darle albergue por la noche. Cuando le preguntaron por qué, ella dijo: "Por su amor, por su compasión y amabilidad en cerrarme sus puertas anoche. Porque entonces pude experimentar un momento de increíble júbilo. Pude ver las flores de los cerezos abrir y a la luna en su gloria; vi algo que no había visto nunca antes. Si me hubieran dado abrigo, no lo hubiera visto. Fue entonces cuando me di cuenta de su amabilidad, la razón por la que me cerraron las puertas".

Ésta es una manera de ver las cosas. Es posible que tú también te hubieras quedado sin refugio aquella noche y que te hubieras sentido enojado a lo largo de ella. Puede que hubieras sentido mucho odio, mucho coraje, hacia aquellas personas, y quizá no te hubieras percatado de las flores abriendo en el árbol de cerezas, y no hubieras visto a la luna salir y mucho menos hubieras experimentado un sentimiento de gratitud. Tú no hubieras experimentado ninguna de estas cosas.

Hay otra manera de relacionarse con la vida, y sucede cuando te sientes lleno de gratitud por cada una de las cosas de la vida. Y debes recordar, durante estos tres días, sentir gratitud por todo. Sentir gratitud por lo que recibes y no enfadarte por lo que no recibes. Éste es el fundamento de la gratitud. Es sobre esta base que la despreocupación y la simplicidad nacen dentro de ti.

Para resumir, me gustaría decir que en estos tres días deberás tratar incansablemente de ir a tu interior, meditar y mantenerte en silencio. En este viaje se necesita una firme resolución. La conciencia mental donde todos los procesos mentales sólo tienen lugar en una pequeña parte; el resto de la mente permanecerá absorto. Si dividiéramos la mente en diez partes, la conciencia mental sería sólo una parte; las otras nueve serían la inconsciencia mental. Nuestro pensamiento y nuestro razonamiento sólo tomarán lugar en una parte; el resto de nuestro cerebro no será consciente de ello. El resto de nuestro cerebro no sentirá nada al respecto. Cuando tomemos conscientemente la resolución de meditar, entraremos en el *samadhi*, la suprema felicidad; y la mayor parte de nuestro cerebro ignorará que hemos tomado esta resolución. Esta parte de la inconsciencia no nos respaldará en esta decisión. Pero, si no tenemos apoyo de ella, no tendremos éxito. Se necesita un determinado y consciente esfuerzo para obtener su soporte. Y ahora explicaré cómo hacer este esfuerzo consciente.

Cuando te despiertes, déjalo ser con determinación, y en la noche, cuando vayas a la cama, cuando estés acostado en tu cama, piensa acerca de tu decisión por cinco minutos y repítetela mientras te quedas dormido.

Me gustaría explicar este ejercicio que ayuda a llegar a ser determinado y que lo practicaras de aquí en adelante en tu vida normal. Mientras lo explico, con esta resolución, toda tu mente, tu conciencia y tu inconsciencia, deciden: "Voy a estar en silencio, estoy decidido a experimentar la meditación".

La noche en que Buda Gautama alcanzó la iluminación, se sentó bajo su árbol de bodhi y dijo: "No me levantaré de este lugar hasta que esté iluminado".

Puedes pensar: "Pero ¿qué es esa conexión? ¿Cómo no levantarse lo iba a ayudar a alcanzar la iluminación?". Pero la decisión "no lo haré…" se diseminó por todo su cuerpo, ¡y no se levantó hasta que no llegó a ser un iluminado! Sorpresivamente, él se convirtió en iluminado esa misma noche. Y él lo había estado intentando por seis años, pero nunca antes lo había hecho con esta intensidad.

Te daré un pequeño ejercicio para intensificar tu determinación. Haremos este ejercicio aquí y también por la noche, antes de ir a dormir.

Si exhalas completamente y te detienes para inhalar, ¿qué pasará? Si yo exhalo por completo y entonces tapo mi nariz y no inhalo, ¿qué pasará? Durante un tiempo, todo mi ser se esforzará por inhalar. ¿No gritarán por aire los poros de mi cuerpo y mis millones de células? Mientras más trate de contener mi respiración, el profundo anhelo de respirar se va a esparcir por mi mente inconsciente. Mientras más contenga mi respiración, el más recóndito lugar de mi ser me va a pedir aire. Y si la contengo todavía más, todo mi ser me va a demandar aire. Ahora bien, ya no es un simple deseo, la superficie no será la única que se vea afectada. Ahora se ha convertido en una cuestión de vida o muerte; ahora, las más profundas capas, las capas que se encuentran debajo, también están demandando más aire.

En ese momento, cuando alcanzas el estado donde todo tu ser se está muriendo por aire, debes repetir para ti mismo: "Estoy experimentando la meditación". En ese momento, cuando tu vida está demandando aire, debes repetir este pensamiento: "Permaneceré en un estado de silencio. Ésta es mi decisión: experimentaré la meditación". En este estado, tu mente debe repetir este pensamiento; tu cuerpo te pedirá aire y tu mente repetirá este pensamiento. La fuerte demanda de aire, la más profunda decisión entrarán en ti. Y todo tu ser se verá en aprietos, y tú repetirás esta oración; entonces, la fuerza de tu decisión aumentará muchas veces más. De esta forma, alcanzará tu mente inconsciente.

Tomarás la decisión todos los días antes de tu diaria meditación, y por las noches, antes de irte a dormir. Repite esta oración y después ve a dormir. Cuando te estés quedando dormido, también dejarás sonando constantemente en tu mente: "Experimentaré la meditación. Ésta es mi decisión. Me quedaré en silencio". Esta decisión continuará sonando en tu mente de tal forma que no se dé cuenta cuando te estés quedando dormido. Cuando estás dormido, tu mente consciente permanece inactiva y las puertas se abren para la mente inconsciente. Si tu mente repite esta idea una y otra vez mientras tu mente consciente está inactiva, entonces puede entrar a tu subconsciente. Y en este tiempo verás cambios significativos; incluso, los verás en estos tres días. Así que ahora trata de entender el método por el cual vas a fortalecer tu decisión.

Éste es el camino que hay que tomar: lentamente toma respiraciones profundas llenando todo tu ser, llenando tus pulmones tanto como te sea posible. Cuando hayas inhalado lo más que puedas, mantén el pensamiento: "Voy a experimentar la meditación", y continúa repitiendo la oración. Entonces exhala hasta que sientas que ya no hay más aire que exhalar. Pero aquí está, lanza eso fuera y repite la oración. Ahora sentirás que no hay absolutamente más aire que soltar, pero todavía habrá: lánzalo fuera. No tengas miedo: nunca exhalarás completamente. Esto es porque, cuando sientes que no hay más aire en ti que dejar ir, siempre hay más, así que trata de exhalarlo. Exhala tanto como puedas, y continúa repitiendo: "Voy a experimentar la meditación".

Es un fenómeno extraño: a través de esto un proceso de pensamiento se activa en tu mente inconsciente. Una intensa determinación surgirá y tú estarás listo para ver sus efectos mañana, así que tienes que tomar tu resolución con fuerza. Empezaremos el experimento esta tarde, antes de dejar este lugar. Lo harás en cinco pasos; esto es: debes inhalar y exhalar cinco veces y repetir el pensamiento en tu interior cinco veces. Si alguien tiene problemas de corazón o cualquier otro problema, no lo hagan con mucho vigor, háganlo suavemente. Háganlo tan gentilmente como les sea posible, no se incomoden.

He hablado acerca de la voluntad de la experiencia. Debes practicarla cada noche durante tres días antes de dormir. Recostado en tu cama, repite la oración mientras te quedas dormido gradualmente. Si sigues este proceso diligentemente y tu voz alcanza la inconsciencia, el resultado es fácil de inducir e inconfundible.

Quise hablar de algunas cosas hoy, y espero ya hayas entendido los puntos que son relativamente importantes. Como te he dicho, no debe haber conversación. Naturalmente, no leerás el periódico u oirás la radio, porque eso es también un tipo de conversación.

Cuando dije que deberás mantenerte en silencio y solo... lo que significa que deberás evitar la compañía de la gente tanto como puedas. Excepto cuando nos reunamos aquí o cuando comamos... Pero también entonces deberás permanecer tranquilo y en silencio. Debe haber completo silencio, como si no estuvieras ahí del todo. Cuando vengas a meditar, también vendrás en silencio. Verás los resultados de estos tres días en silencio. Cuando camines por la calle, sé silencioso; cuando te sientes, te pares, camines alrededor, sé silencioso. Y trata de estar solo la mayor parte del tiempo. Encuentra un lugar hermoso y siéntate ahí en silencio. Y si ahí hay alguien contigo, esa persona también deberá permanecer en silencio; no hables, de otro modo, desperdiciarás la montaña, desperdiciarás la belleza. No verás lo que es bueno, que se encuentra frente a ti. Destruirás todo con tu plática. Permanece solo.

Quise mencionar algunas cosas hoy que son importantes para todos. Si no hay sed en ti, y parece que no habrá manera de despertar tu sed, entonces, habla conmigo de esto mañana. Déjame saber si no estás muy esperanzado contigo y no sientes que podrás tener fe, o si encuentras difícil fortalecer tu determinación y sientes que no puedes meditar. Así que mañana podrás preguntarme acerca de las dificultades que crees enfrentarás durante los próximos tres días. De modo que no perderemos el tiempo después.

Si tienes problemas personales, algún dolor o alguna pena de la cual desees deshacerte o que creas que pueda impedirte meditar, o si experimentas alguna dificultad mientras meditas, recuerda esto: puedes hacer tu pregunta por separado. Esto no será para todos; esto será para ti individualmente, siguiendo el procedimiento por separado. Y, cualquiera que sea tu problema, sé claro acerca de él mañana por la mañana, y así estarás preparado para los siguientes tres días. Quise señalar estas pocas cosas.

Tienes que mantener un punto de vista individual. Y mañana empezaremos con lo que tenemos que hacer; mañana empezaremos el trabajo real.

◇◇◇◇◇◇◇◇◇◇◇◇◇◇◇◇◇◇

Ahora nos sentaremos separados, el salón es lo suficientemente grande, así que nos podemos dispersar por todo el lugar, y tomaremos nuestras resoluciones antes de irnos de aquí.

No violentamente, muy despacio, despacio llena tus pulmones completamente. Cuando llenes tus pulmones, repítete: "Voy a experimentar la meditación". Repite esta frase. Entonces, cuando los pulmones estén llenos al máximo, mantén la respiración por un momento, repite la frase. Quizá estés nervioso, sentirás que quieres exhalar, pero continúa conteniendo la respiración y repite la oración. Entonces, lentamente, comienza a exhalar, repitiendo, otra vez, la frase. Continúa exhalando y repitiendo la oración. Cuando te sientas absolutamente vacío, abraza este vacío. No inhales todavía, y continúa repitiendo la frase tanto como puedas. Entonces, lentamente comienza a inhalar. Una ronda más de inhalación con exhalación. Cada uno deberá seguir este proceso lentamente, paso a paso.

Después de hacerlo cinco veces, pon derecha tu espalda, respira lentamente, siéntate en silencio y relájate por cinco minutos. Haremos este ejercicio por diez minutos y entonces, cada uno abandonará este lugar silenciosamente. Recuerda, no hablarás, y esto de ahora en adelante. El campamento de meditación comienza ahora. Cuando vayas a la cama, repite este ejercicio de cinco a siete veces; tantas como te sean confortables; luego, apaga la luz y duerme. Quédate dormido pensando: "Estaré en silencio, éste es mi propósito". Y, cuando el sueño te envuelva, este pensamiento permanecerá contigo.

Cuando hayas terminado de hacer cinco veces el ejercicio, permanece tranquilo por un momento y respira lentamente. Ahora, mantén tu espalda derecha. Relaja tu cuerpo. Tu espalda está derecha y tu cuerpo relajado. Cierra tus ojos. Tranquilamente, toma una respiración profunda y, mientras lo haces, repite cinco veces: "Voy a experimentar el silencio. Voy a experimentar la meditación. Estoy determinado, voy a experimentar la meditación". Haz este juramento con todo tu ser, que entrarás en meditación. Deja que todo tu ser resuene con él. Esto deberá alcanzar cada una de las profundas capas de tu conciencia.

Después de hacerlo cinco veces, muy lentamente, relajadamente, siéntate, pon derecha tu espalda y respira pausadamente. Exhala lento y continúa observando tu respiración. Descansa por cinco minutos. Durante este descanso, la resolución que has tomado se hundirá profundamente en ti. Toma la resolución cinco veces, luego, siéntate tranquilamente, observa tu respiración por cinco minutos y toma aire despacio.

Capítulo 2
Comienza con el cuerpo

Mis muy amados:

Anoche hablé acerca de cómo crear los fundamentos para meditar desde tu interior. Mi acercamiento a la meditación no se basa en las escrituras ni en ningún libro sagrado o escuela de pensamiento. Yo sólo he hablado de los senderos que he caminado y en los cuales he aprendido, al ir hacia mi interior. Es por ello que digo que esto no es sólo teoría. Y cuando te invito a intentarlo, no tengo duda de que también tendrás éxito y encontrarás lo que has anhelado. Ten por seguro que sólo he hablado acerca de lo que he experimentado.

He tenido que atravesar un periodo de intensa angustia y sufrimiento. He atravesado una etapa de prueba y error, y durante esa época he luchado por ir a mi interior. Me he esforzado constantemente para recorrer todos los caminos, todos los senderos en esta dirección.

Esos días fueron muy dolorosos, llenos de angustia y sufrimiento. Pero, me esforcé constantemente, y por este esfuerzo, como cuando una gran cascada está cayendo de una gran altura y la continua corriente mueve incluso las rocas, de la misma manera que una cascada, con esfuerzo continuo, en algún lugar encontré una salida. Y hablaré sólo de los métodos por los cuales encontré esa salida.

Y puedo decirte, con absoluta confianza y seguridad, que si lo intentas con este método, el resultado está garantizado absolutamente. Por un tiempo hubo dolor y pesar, pero ahora no hay más dolor y pesar en mi interior.

Ayer alguien me preguntó: "La gente te hace preguntas acerca de muchos de sus problemas, ¿te hacen sentir afligido?".

Le dije: "Si el problema no es tuyo, entonces no puedes afligirte por él. Si el problema es de alguien más, entonces no hay aflicción al respecto. La aflicción comienza cuando tomas el problema como tuyo".

En este sentido, no tengo problemas. Pero he experimentado una forma diferente de tristeza: he visto que mucha gente alrededor mío parece sentir mucho dolor, quienes tienen muchos problemas, y siento que su dolor y sus problemas pueden ser fácilmente eliminados porque tienen sencillas soluciones. Siento que si tocan la puerta, la puerta se abrirá muy fácilmente. Y aún así, permanecerán parados frente a ella, llorando. Es entonces cuando experimento un diferente tipo de angustia y sufrimiento.

Ésta es una pequeña historia Parsi:

Un hombre ciego y su amigo cruzaban el desierto. Ellos viajaban hacia lugares diferentes, pero sus caminos se unían, así que el hombre que veía le pidió al ciego que se uniera a él. Estuvieron juntos por unos días y su amistad profundizó durante ese tiempo. Una mañana, el hombre ciego se levantó más temprano que su amigo y buscó su bastón. Era de noche en el desierto y hacía mucho frío, porque era invierno. No encontró su bastón, pero había una víbora rígida por el frío, así que el hombre ciego la recogió y agradeció a Dios diciendo: "Había perdido mi bastón, pero ahora me has dado uno mejor: uno liso". Él agradeció a Dios y dijo: "Eres muy compasivo".

Entonces, movió a su amigo con el bastón para despertarlo, diciendo: "Levántate, es de mañana".

Cuando el amigo se despertó y vio la serpiente, se asustó y dijo:

—¿Qué tienes en tu mano? ¡Arrójalo inmediatamente! ¡Es una serpiente, es peligrosa!

El hombre ciego respondió:

—Amigo, en un ataque de celos estás llamando *serpiente* a mi hermoso bastón. Quieres que lo arroje para que puedas recogerlo; puedo ser ciego, pero no soy estúpido.

Su amigo replicó:

—¿Estás loco? ¿Te has vuelto loco? ¡Arrójala inmediatamente! ¡Es una serpiente y es peligrosa!

Pero el hombre ciego dijo:

—Has estado conmigo durante muchos días y no te has dado cuenta de lo listo que soy. Perdí mi bastón y el Todopoderoso me ha dado otro hermoso bastón, y ahora tú estás tratando de hacerme tonto diciéndome que es una serpiente.

El hombre ciego, en su enojo, pensó que su amigo estaba celoso y lo envidiaba, así que siguió por su propio pie. Después de un rato, el sol salió y la serpiente entró en calor y volvió a la vida. Ya no tenía frío y mordió al hombre ciego.

El dolor del que les he hablado es el mismo que debió sentir el amigo del hombre ciego. Como él, yo siento dolor por las personas que me rodean. Ellos tienen una serpiente en sus manos, no un bastón, pero si se los digo, ellos se preguntan si los celos me están llevando a decirles eso. Y no estoy hablando de alguien más, estoy hablando de ti.

No pienses que estoy hablando de la persona sentada al lado tuyo; estoy hablando sólo de ti. Y puedo ver serpientes en tus manos; aunque parezca un bastón, no ayudará; no es un bastón. Pero no quiero que abandones el sendero. No quiero que pienses que, celoso, estoy tratando de arrebatarte tu hermoso bastón, así que no le llamaré *serpiente*. Lentamente, lentamente, estoy tratando de hacerte entender que a lo que te aferras es algo equivocado.

37

Y, de hecho, ni siquiera estoy diciendo que a lo que aferras es equivocado. Todo lo que estoy diciendo es que hay algo mejor a lo cual prenderse. Hay una inmensa alegría que sentir, hay una gran verdad en la vida que entender. A lo que ahora te aferras puede llévate a tu destrucción.

En lo que empleamos nuestra vida finalmente nos destruye, destruye nuestra vida entera. Y cuando toda nuestra vida ha sido destruida, cuando toda nuestra vida está acabada, hay sólo un dolor y una pena que el hombre sufre en el momento de la muerte, y es el arrepentimiento por la pérdida de una vida muy valiosa.

Así que hoy, la primera cosa que me gustaría decir es que la sed de la que hablé anoche surgirá sólo cuando veas, cuando te des cuenta de que la vida que ahora vives es equivocada. Esa sed llegará a ti sólo cuando te des cuenta de que el estilo de vida que llevas justo ahora es totalmente erróneo, no tiene sentido. ¿Es esto una cosa difícil de entender? ¿Y sabes con certeza que lo que has recogido hasta ahora no tiene ningún valor? ¿Sabes a ciencia cierta si con lo que has acumulado conocerás la inmortalidad? Con todo los esfuerzos que has hecho en todas direcciones, ¿realmente sabes si no has construido sólo castillos de arena o si hay alguna base sólida en ellos? Piensa en ello; contémplalo.

Cuando empiezas a reflexionar y a cuestionar la vida, comienza a surgir la sed. De la contemplación surge una sed por la verdad. Sólo unos pocos reflexionan acerca de la vida, muy pocos. La mayoría de la gente vive su vida como si fuera madera a la deriva, flotando en un río: sólo se mantiene flotando y va hacia donde el río la lleve. Si el río la lleva hacia la orilla, flota hacia la orilla; si el río la lleva al centro de la corriente, flota hacia el centro de la corriente, como si no tuviera una vida, un destino que le pertenece. La mayoría de nosotros vivimos la vida como si fuésemos un trozo de madera flotando en un río, vamos hacia donde el tiempo y las circunstancias nos lleven.

Pensar sobre la vida y su propósito te ayudará a encontrar una dirección: si debes vivir la vida de un trozo de madera flotando en el río, si debes vivir como una hoja seca que vuela a donde el viento la lleve o si debes ser un individuo, una persona, una persona pensante, alguien que ha tomado dirección de su vida, alguien que ha decidido en quién quiere convertirse y en quién debe ser, alguien que ha tomado su vida y su desarrollo en sus propias manos.

La más grande creación del hombre es él mismo; su más grande creación será su autorrealización. Cualquier otra cosa que cree no será de mucho valor. Será como dibujar una línea en el agua. Pero lo que cree dentro de sí mismo será como esculpir una piedra; nunca podrá ser borrada; permanecerá con él para siempre.

Así que piensa en tu vida. ¿Eres un trozo de madera flotando en el río? ¿Eres una hoja muerta recogida por el viento y volando por donde él la lleva? Si reflexionas sobre esto, verás que eres simplemente como un trozo de madera flotando y verás que has estado volando por ahí como una hoja muerta que fue recogida de la tierra por el viento, llevándola hacia donde sopla. Justo ahora las calles están cubiertas por estas hojas. ¿Has hecho conciencia del crecimiento de tu vida o sólo has sido empujado por el viento? Y si sólo has sido empujado por el viento, ¿has llegado a algún lado? ¿Alguno de ustedes ha llegado a algún lado de esta manera? Si no se escoge conscientemente una meta en la vida, no se llega a ninguna parte. La sed por una meta consciente surgirá en ti sólo si piensas en ella, si reflexionas en ella, si meditas en ella.

Debes haber escuchado esta historia acerca de Buda. Esta historia es acerca de cómo Buda renunció a su vida, acerca de cómo se convirtió en un asceta y cómo el deseo de la verdad surgió en él. Es una historia muy famosa y llena de significado.

Cuando Buda nació, a sus padres les dijeron que un día su hijo se convertiría en un gran rey, en un emperador o en un gran monje. De esta manera, su padre arregló todo para que Buda nunca experimentara pena y nunca tuviera el deseo de renunciar a su vida. Construyó para su hijo un palacio lleno del arte y de las artesanías de aquella época, y con todo tipo de lujo, jardines...

Había diferentes palacios, uno para cada estación, y dio instrucciones a todos los sirvientes de que Buda jamás debería ver una flor marchita, de tal manera que no pudiera llegar a saber que la flores mueren y la pregunta: "¿Quizá yo también moriré?", nunca llegara a él. Así que durante la noche, todas las flores marchitas deberían ser retiradas del jardín. Todo árbol débil debería ser arrancado y retirado. Sólo se permitía que gente joven lo rodeara; no era permitido que la gente vieja entrara, porque Buda podría pensar: "El hombre envejece... Un día quizá yo también envejeceré".

Hasta que se convirtió en un joven, no supo nada acerca de morir. Él nunca escuchó nada acerca de la muerte. Se le mantuvo totalmente ignorante acerca de la gente que moría en su villa, así que nunca pensó: "Si la gente muere, entonces quizá yo también moriré algún día".

Estoy tratando de explicar el significado de la contemplación. Contemplar significa reflexionar en todo lo que pasa a tu alrededor. Si la muerte está pasando frente a ti, entonces contemplarás si esto también te pasará a ti.

El padre de Buda trató de prevenir de todas las formas posibles este tipo de contemplación en su hijo —y yo quiero que tú hagas todo lo posible por que esta contemplación surja en ti—. El padre hizo todo lo que pudo para prevenir que Buda pensara; pero aun así, esto pasó.

Un día, Buda salió y vio a un hombre anciano caminando en la calle. Le preguntó a su ayudante:

—¿Qué le pasó a este hombre? ¿Otras personas se ven también cómo él?

El ayudante dijo:

—No puedo mentirte, todos envejeceremos como él algún día.

Buda inmediatamente preguntó:

—¿Yo también?

El ayudante dijo:

—Mi señor, no puedo mentirte, nadie está exento.

Buda dijo:

—¡Llévame de regreso al palacio! Ahora entiendo que también me haré viejo. Si esto va pasar mañana, entonces, no queda nada.

Esto es lo que yo llamo *contemplación*. Pero el ayudante dijo:

—Vamos al festival de la juventud; toda la villa estará esperando por ti. Vamos.

Buda dijo:

—No tengo deseos de ir. El festival de la juventud no significa nada, porque todos envejeceremos algún día.

Ellos anduvieron un poco más y vieron la procesión de un funeral. Buda preguntó:

—¿Qué es esto? ¿Qué está haciendo esta gente? ¿Qué cargan en sus hombros?

El ayudante titubeó al contestar. Dijo:

—No debería decirte, pero no puedo mentirte. Este hombre ha muerto, él ha muerto y esta gente se lo está llevando.

Buda preguntó:

—¿Qué es morir?

Por primera vez se enteró de que la gente moría. Buda dijo:

—Ahora no tengo deseo de ir; ¡llévame de regreso inmediatamente! No es este hombre quien ha fallecido; más bien, yo he muerto.

Esto es lo que yo llamo *contemplación*. Un hombre ha logrado hacer contemplación cuando entiende que lo que le ha pasado a alguien más también le puede suceder a él algún día. La gente que no entiende lo que está sucediendo alrededor de ella está ciega y, de alguna forma, todos estamos ciegos. Ésta es la razón por la que te he contado la historia del hombre ciego que llevaba una serpiente en su mano.

Así que la primera cosa que debes hacer —y es muy importante— es observar todo lo que sucede a tu alrededor, y, a través de ello, la comprensión surgirá en ti. Por lo tanto, la primera cosa, la más importante cosa que debes hacer, será observar todo alrededor tuyo. A través de esta observación, la búsqueda surgirá en ti, una pregunta surgirá, y esto a su vez dará lugar a la sed por una verdad superior. He sufrido mucho dolor. Cuando el dolor se sosegó fue cuando comencé a ver los pasos del sendero. Ahora quiero hablar del primer paso de este sendero.

He llegado a entender que dos cosas son necesarias si quieres alcanzar la conciencia suprema, a la divinidad, a tu ser interior. Una es la circunferencia, la circunferencia de la meditación. La otra cosa importante es el centro de la meditación: la circunferencia de la meditación y el centro de la meditación, o puedes llamarlos el cuerpo de la meditación y el alma de la meditación. Hoy voy a hablar sobre la circunferencia de la meditación, mañana hablaré sobre el alma o el centro, y pasado mañana lo haré sobre los frutos de la meditación. Sólo estas tres cosas: la circunferencia de la meditación, el centro y los frutos de la meditación. En otras palabras, el fundamento de la meditación, la meditación en sí misma y su culminación.

El fundamento de la meditación involucra sólo tu periferia, y la periferia de tu personalidad es tu cuerpo. Por consiguiente, la periferia de la meditación se refiere sólo al cuerpo. Así que el primer paso hacia la meditación comienza con tu cuerpo. Así que recuerda, cualesquiera que hayan sido los pensamientos negativos que hayas tenido por tu cuerpo que otra gente te haya grabado en ti, tíralos. El cuerpo es sólo un instrumento tanto en el mundo material como en el espiritual.

El cuerpo no es un enemigo ni un amigo; es sólo un instrumento que puedes usar para hacer el mal o que puedes usar para hacer el bien. A través de él puedes relacionarte con el mundo material o puedes relacionarte con lo supremo. El cuerpo es sólo un instrumento. No guardes ideas equivocadas sobre él. La gente suele creer que el cuerpo es nuestro antagonista; esto es inmoral, esto es nuestro enemigo y es necesario que sea suprimido. Te digo que esto está equivocado: el cuerpo no es ni un enemigo ni un amigo; es lo que hagas de él. Ésta es la razón por la que el cuerpo es tan misterioso, tan extraordinario.

En el mundo, siempre que algo malo haya pasado, ha pasado por medio del cuerpo, y siempre que algo bueno haya pasado, ha pasado por medio del cuerpo. El cuerpo es sólo el medio, el instrumento.

Así que para la meditación es necesario empezar poniendo atención en el cuerpo, porque no puedes continuar sin, primero, poner este instrumento en orden. Si el cuerpo no está en la condición correcta, no puedes seguir. Así que el primer paso es purificar el cuerpo; mientras más puro esté el cuerpo, más fácil será ir a tu interior.

¿Qué significa purificar el cuerpo? El primer significado es que no debe haber alteraciones, bloqueos, complicaciones en el cuerpo, en el sistema del cuerpo; entonces, el cuerpo está puro.

Trata de entender cómo estás complicaciones y bloqueos entran en el cuerpo. Si el cuerpo no tiene bloqueos, si no hay ninguna alteración y si no hay problemas, interferencias, entonces, el cuerpo está puro y te ayudará a ir al interior. Pero si estás muy enojado, si sientes enojo y no lo estás expresando, el calor que esto crea se acumulará en alguna parte de tu cuerpo y se convertirá en un bloqueo. Debes ver cómo el enojo puede llevarte a la histeria, puede llevarte a la locura. Recientes experimentos realizados en el cuerpo humano muestran que de cien enfermedades, cincuenta no estaban en el cuerpo; sino en la mente. Pero la locura mental trae alteraciones en el cuerpo, si el cuerpo no es saludable, entonces todo el sistema del cuerpo se vuelve rígido e impuro.

Las diferentes escuelas de disciplina espiritual y de las diferentes religiones han intentado, con increíbles y revolucionarios experimentos, purificar el cuerpo, y sería bueno entender estos experimentos. Si intentas estos experimentos, en unos cuantos días descubrirás lo misterioso que es tu cuerpo. Tu cuerpo no se presentará como un enemigo, sino como el templo donde reside la divinidad. Entonces, no será un enemigo, sino un amigo, y tú te sentirás agradecido con él. El cuerpo no es tuyo. Está hecho de materia. Tú y tu cuerpo son diferentes uno del otro. Aun así, puedes hacer un extraordinario uso de él, y entonces sentirás gratitud hacia él, te sentirás endeudado con él, porque es un gran apoyo.

Mantener el cuerpo libre de bloqueos es el primer paso hacia su purificación. Y hay muchos bloqueos en el cuerpo. Por ejemplo, hace unos días un hombre vino y me dijo:

—Desde hace unos días he estado haciendo algunas meditaciones de una determinada religión, y la mente se ha vuelto muy tranquila.

Le dije:

—No creo que tu mente esté tranquila.

Él dijo:

—¿Cómo puedes decir eso?

Y le respondí:

—Desde que llegaste, has estado sacudiendo tus piernas —él se había sentado y sacudía sus piernas. Le dije—: No es posible para la mente estar en silencio cuando las piernas se están moviendo tanto.

La agitación del cuerpo viene de la agitación de la mente. Cuando el movimiento de la mente se calma, el cuerpo también se calma. Los cuerpos de Buda y de Mahavira parecían la piedra de la que están hechas sus estatuas, parecían de piedra. No es coincidencia que sus estatuas estén hechas de piedra. La razón de ello es que ellos comenzaron a verse como piedras, todo el movimiento interno se había detenido. Esto significa que se movían sólo cuando era necesario; de otra manera, permanecían completamente inmóviles.

Cuando sacudes tus piernas, es la energía creada por tu insatisfacción, que no está encontrando salida, y tú la disipas moviendo tus piernas. Cuando un hombre está enojado, rechina sus dientes y aprieta sus puños. ¿Por qué? Sus ojos se ponen rojos. ¿Por qué? ¿Por qué los puños? Aun si estás solo y enojado con alguien, apretarás tu puño. No hay nadie a quien golpear, pero la energía que ha sido creada por el enojo necesita ser liberada de alguna manera. Los músculos en tus manos se ponen tensos y entonces la energía es liberada.

Estas dificultades han sido creadas por el condicionamiento social. Un hombre sin condicionamiento tiene un cuerpo más puro que el tuyo. El cuerpo de un hombre silvestre es más puro que tu cuerpo; no tiene bloqueos, porque donde tú reprimes tus emociones, él las expresa fácil y espontáneamente.

Imagina que estás en el trabajo y tu jefe te dice algo que te hace enojar, pero tú no puedes apretar tus puños. ¿Qué pasará con toda esa energía que acaba de crearse en ti? Y recuerda esto: la energía no simplemente se evapora. La energía nunca se destruye, la energía nunca se acaba. Si me dices algo que me haga enojar, no podré expresar mi enojo enfrente de toda esta gente. No podré rechinar mis dientes o apretar mi puño; no puedo insultarte o saltar de ira o tomar una piedra. ¿Qué le pasa a la energía creada dentro de mí? Esta energía paralizará una parte de mi cuerpo. Será usada para crear un bloqueo en alguna parte de mi cuerpo; se desarmonizará. Es por eso que digo que la mayoría de las discrepancias surgen en el cuerpo.

Podrías sorprenderte y decir que no ves ningún bloqueo. Pero voy a pedirte que intentes un experimento; entonces descubrirás cuántos bloqueos hay en tu cuerpo. ¿Habías notado que si estás solo en un cuarto puedes rechinar tus dientes, o cuando te miras en un espejo puedes enseñarte la lengua, o que tus ojos salten de enojo? Tú puedes reírte de ti mismo haciendo esto. A veces puede pasar que mientras te bañas, de repente saltes y te preguntes: "¿Por qué salté? ¿Por qué rechiné mis dientes ante mi reflejo en el espejo? ¿Por qué me siento así tarareando una canción?". Mi sugerencia es que, una vez a la semana, durante media hora, te encierres en un cuarto y dejes que tu cuerpo haga lo que tiene ganas de hacer. ¡Te sorprenderás! Tu cuerpo puede empezar a bailar. Deja que haga todo lo que le plazca, no lo detengas. Puede bailar, saltar o, incluso, gritar. O puede saltar sobre un enemigo imaginario; esto es posible. Entonces te preguntarás: "¿Qué está pasando?". Todas éstas son discrepancias o desarmonías en tu cuerpo que están reprimidas, pero que todavía están muy presentes y quieren ser expresadas, sólo que tu condicionamiento social no se lo permite. Tú tampoco les permites expresarse, así que de esta forma, muchas desarmonías han encontrado un hogar en tu cuerpo. Y si el cuerpo está lleno de bloqueos, no está saludable y no puedes ir a tu interior.

Así que el primer paso de la meditación es purificar el cuerpo, y el primer paso para purificar el cuerpo es poner un alto a todos los trastornos en el cuerpo. De este modo, debes dejar de acumular nuevos trastornos en el cuerpo y encontrar una manera de liberar los antiguos. Una solución es que una o dos veces al mes te encierres en un cuarto y dejes a tu cuerpo hacer lo que le plazca. Si sientes que quieres quitarte toda la ropa y bailar desnudo, entonces hazlo, quítate toda tu ropa. Te sorprenderá que, después de media hora de todos esos brincos, te sentirás muy relajado, tranquilo y fresco. Puede parecerte extraño, pero te sentirás muy silencioso y te preguntarás de dónde ha venido ese silencio. Cuando te ejercitas o haces una caminata, te sientes ligero. ¿Por qué? Porque muchos de los bloqueos del cuerpo se liberaron.

¿Sabes por qué algunas veces sólo estás buscando con quién pelear? ¿Por qué estás tan listo para pelear que saltas sobre la primera persona que se te aparece? Esto es porque has acumulado muchos bloqueos de energía y todos ellos quieren ser liberados. Donde hay una guerra... y ha habido dos guerras mundiales; durante estas guerras mundiales, la gente realmente quería comenzar la mañana leyendo su periódico. Y muchas cosas curiosas pasaron durante el tiempo de la guerra. Es probable que no sepas que durante estas guerras dos cosas realmente extrañas pasaron: una fue que hubo un descenso en el número de suicidios en todo el mundo. Durante la Primera y la Segunda Guerras Mundiales se sorprendieron con este fenómeno. Durante todo el tiempo de la guerra hubo pocos suicidios, y los psicólogos estaban desconcertados. Durante este periodo también hubo pocos asesinatos. Y otra cosa extraña: hubo un descenso en las enfermedades mentales durante el tiempo de guerra. Después se dieron cuenta de que todas las noticias acerca de la guerra y la intensidad de ellas habían ayudado a liberar algunos bloqueos en la gente.

De alguna manera, cuando oyes las noticias sobre la guerra, te involucras con ellas. Por ejemplo, tu enojo... Ahora, imagina que estás enojado con Hitler, así que construyes su efigie y la quemas, vociferas consignas y le gritas. Puedes sentarte en tu sala y abusar de él. Hitler no está frente a ti, es un enemigo ilusorio. Pero, de esta manera, muchos de tus bloqueos han sido liberados y esto traerá como resultado una mejor salud psicológica. Te sorprenderás: conscientemente no quieres que haya guerra, pero en el fondo quieres que suceda. Durante la guerra la gente se ve de muy buen humor; a pesar de que el peligro está muy cerca, la gente se ve de buen humor.

Hace algún tiempo, India fue atacada por China; en ese momento hubo un repentino estallido de energía en todos ustedes. ¿Saben por qué? La razón fue que muchos bloqueos en sus cuerpos fueron liberados a través de su enojo y eso los hizo sentirse más ligeros. Las guerras siempre serán una lucha; habrá guerras mientras haya gente con cuerpos enfermos. Las guerras no terminarán hasta que cada uno de nuestros cuerpos haya llegado a estar tan sano que no tenga bloqueos que necesiten una guerra para ser disueltos. Lo que te estoy diciendo ahora puede sonar muy extraño, pero habrá guerras en el mundo hasta en tanto los cuerpos de las personas estén enfermos. No importan los esfuerzos que se hagan por detener la guerra, tú siempre obtendrás cierto placer de ella. Y también sientes placer al pelear. Piensa en ello, ¿no obtienes un tipo de placer al pelear? La pelea puede ser a cualquier nivel, puede ser entre una religión y otra, entre un hindú y un mahometano, y te sorprenderás de que no tiene base. Sólo observa, cuando nace una religión, se divide en otras veinte subsectas, y luego, cada una de ellas se divide en otras subfiliales. ¿Por qué? Porque el cuerpo del hombre está tan insano, está tan lleno de desarmonía, que sólo está buscando una excusa. La gente toma la más pequeña excusa para pelear, porque pelear le permite liberarse y sentirse más relajada.

El primer paso que nos lleva a la meditación es la purificación del cuerpo.

Me gustaría agregar dos cosas más. Un método para liberar todos los viejos trastornos es que te dejes ser totalmente salvaje en un cuarto cerrado, dejando ir todas las ideas que guardas a la fuerza en ti mismo. ¡Déjalas ir! Luego, deja que todo pase y observa tu cuerpo y ve qué hace. Danza, salta, se deja caer en el suelo y permanece ahí. Golpea a un imaginario enemigo. Simula apuñalar a alguien, dispararle a alguien. Observa todo lo que hace y deja que pase. Después de un mes o dos de llevar a cabo este experimento y estarás sorprendido con los resultados. Verás que tu cuerpo se ha relajado, está saludable y puro. Ha encontrado la liberación; los viejos bloqueos han encontrado una salida.

En días más lejanos, los buscadores acostumbraban internarse en el bosque. Disfrutaban estar en soledad y no querían estar entre la multitud. Una de las razones de ello era la purificación. No tienes idea de lo que Buda o Mahoma hicieron cuando estuvieron solos; no hay un solo libro que te diga qué hicieron mientras permanecieron en el bosque. Así que, ¿qué supones que estuvieron haciendo? Yo te digo sin duda que ellos estuvieron purificando sus cuerpos. La palabra *mahavira* significa "alguien cuyos bloqueos han sido destruidos", y el primer paso para destruir esos bloqueos está en el cuerpo.

Así que, primero, esos bloqueos que has acumulado en el cuerpo deben ser liberados. Al principio te sentirás extraño, y si quieres reírte de ti mismo por estar comportándote como una mujer, saltando alrededor, entonces, deja que la risa salga. Si quieres llorar, llora. Si te dijera ahora mismo que te dejaras ir, entonces alguno de ustedes comenzaría a reírse. Ahí hay dolor que no ha podido ser expresado, que ha sido reprimido, y que ahora saldrá. O hay risa que quiere salir y ha sido detenida; se ha atascado en tu cuerpo como un bloqueo. Ahora saldrá. Sentirás que lo que está pasando es absurdo, pero deja que suceda. Prueba este método para purificarte por ti mismo, y la capa superior de tus bloqueos será eliminada y te sentirás más ligero.

La segunda cosa: debes cuidar que no se desarrollen nuevos bloqueos. He hablado sobre cómo liberar los viejos bloqueos, pero vas acumulando nuevos bloqueos todos los días. Puedo decir algo que te haga enojar mucho, pero no lo demostrarás ahora, debido a tu condicionamiento y a la etiqueta social. Una bola de fuego se instalará en tu cuerpo. ¿A dónde irá? Creará estrés en algunos nervios, los afectará, se atascará ahí. Por eso hay diferencia entre los ojos y el rostro de alguien que está enojado y el de alguien que está en paz. El cuerpo florece en esta bella verdad sólo cuando no hay desarmonía en él. En ese sentido, un cuerpo hermoso es simplemente el indicativo de que no hay desarmonía. Es entonces cuando los ojos se ven hermosos, y aun el cuerpo más horrible se ve hermoso.

El cuerpo de Gandhi era muy feo cuando él era joven, pero, mientras iba envejeciendo, comenzaba a mirarse más bello. Era muy extraño. La belleza no era del cuerpo, era el resultado de que había disuelto todos los bloqueos del cuerpo. Muy poca gente entiende cuando ve esto. No hay duda de que Gandhi era feo, si lo medimos por cualquier criterio de belleza, no sería considerado bello. Si ves fotografías de cuando él era niño y luego joven, verás que era feo, pero, en la medida en que fue creciendo, comenzó a verse más y más bello. Si has llevado tu vida bellamente, entonces tu juventud no es tan hermosa como tu vejez. Porque en la juventud hay muchas fuerzas obrando en ti; en la vejez toda la febrilidad desaparece. Si has vivido tu vida extraordinariamente, entonces la vejez es la parte más hermosa de la vida, porque entonces toda la febrilidad se ha ido. Todos los trastornos han desaparecido si te has desarrollado correctamente y has vivido tu vida con plenitud.

¿Te has preguntado cómo todos estos bloqueos se acumulan en tu cuerpo? Si te insulto y te enojas, esto crea una sobrecarga de energía en ti. Y la energía no puede ser destruida; la energía nunca se destruye. La energía debe ser usada, y si no es usada, se convertirá en algo pervertido y autodestructivo. Tienes que usarla. Pero, ¿cómo usar esta energía?

Imagina que estás en el trabajo y estás enojado; hay un fuerte sentimiento de enojo en ti y no puedes expresarlo. Te sugiero que intentes esto: transforma esa energía creativamente. Contrae los músculos de tus piernas —nadie puede ver tus piernas— tanto como puedas. Ponlos rígidos, ponlos tan tensos como puedas. Cuando sientas que ya no puedes más, relájalos súbitamente. Te sorprenderá darte cuenta de que el enojo se ha ido, y además estarás ejercitando tus músculos y tonificándolos. Y ese impulso rabioso que pudo haberse convertido en algo destructivo se ha liberado, y en el trámite, tus piernas se han tonificado. Puedes tonificar y mejorar cualquier parte del cuerpo que ha sido bloqueada por el enojo, y la energía que ha sido creada puede ser usada de una forma creativa. Si tus manos están bloqueadas, aprieta los músculos de ambas manos y toda la energía del enojo será usada. Si tu estómago está bloqueado, jala para sumir todos los músculos de tu estómago e imagina que toda la energía de tu enojo está siendo usada para contraer esos músculos. Verás en un minuto o dos que todo el enojo ha desaparecido y toda la energía habrá sido usada creativamente.

La energía siempre es neutral. La energía que es creada por el enojo no es destructiva por sí misma; es destructiva sólo porque se usa en la forma de enojo. Haz un mejor uso de ella. Y si no es usada de una mejor manera, continuará existiendo en una forma destructiva. No puede desaparecer a menos que hagas algo. Si puedes aprender a hacer uso de esto, puedes revolucionar tu vida.

Así que para purificar tu cuerpo tienes que purificar tu cuerpo de los viejos bloqueos y nuevos bloqueos deben ser transformados creativamente. Hay dos pasos preliminares y son muy importantes. La mayoría de las posturas del yoga, las *asanas*, han sido creadas para usar el cuerpo creativamente. El ejercicio físico hace un uso creativo del cuerpo. Si no usas tu cuerpo creativamente, entonces toda esa energía que podría haber sido una bendición se convertirá en una maldición. Todos ustedes están sufriendo por su propia energía; en otras palabras, tener energía se ha convertido en un problema, en una carga.

Hubo un acontecimiento en la vida de Jesús. Se marchaba de una villa cuando vio a un hombre en un techo gritando y vociferando obscenidades. Jesús subió la escalera y le preguntó:

—Amigo, ¿qué estás haciendo? ¿Por qué estás desperdiciando tu vida de esta fea forma? Parece que estás borracho.

El hombre abrió sus ojos y reconoció a Jesús. Se levantó, hizo una reverencia a Jesús y dijo:

—Mi señor, estuve muy enfermo, muy cerca de morir. Me bendijiste y me curaste. ¿Lo has olvidado? Ahora estoy perfectamente bien; pero, ¿qué puedo hacer con toda esta buena salud? Es por esto que bebo.

Jesús se sorprendió. El hombre dijo:

—Ahora estoy saludable, ¿qué se supone que haga con esta buena salud? Por eso bebo y de alguna forma me las arreglaré.

Al escuchar esto, Jesús sintió una gran tristeza y bajó de la escalera.

Entonces regresó a la villa y vio a un hombre persiguiendo a una prostituta. Detuvo al hombre y le preguntó:

—Amigo, ¿por qué estás haciendo mal uso de tus ojos de esta manera?

El hombre reconoció a Jesús y dijo:

—¿Me has olvidado? Era ciego y tú me tocaste, entonces, pude ver otra vez. Ahora, ¿qué debo hacer con mis ojos?

Jesús iba muy triste mientras abandonaba la aldea. Fuera de la villa, un hombre golpeaba su pecho y lloraba. Jesús lo tocó en la cabeza y le preguntó:

—¿Por qué estás llorando? Hay mucha belleza en el mundo. La vida no es para llorar.

El hombre reconoció a Jesús y dijo:

—¡Has olvidado! Había muerto y estaban a punto de enterrarme, y entonces, con tu milagro, me trajiste de nuevo a la vida. Ahora, ¿qué debo hacer con mi vida?

Esta historia parece ficción, falsa; pero, ¿qué *estás* haciendo? ¿Qué estás haciendo con tu vida? Cualquiera que sea la energía que has recolectado en tu vida, la has usado sólo para destruirte a ti mismo. La vida tiene sólo dos senderos: si la energía que tenemos disponible para nosotros en nuestra mente y cuerpo es usada destructivamente, entonces estás en el sendero hacia el Infierno; si la misma energía puede ser usada creativamente, éste es el sendero hacia el Cielo.

La creatividad es el Cielo y lo destructivo es el Infierno. Si haces un uso creativo de tu energía, comenzarás a moverte cerca del Cielo, y si haces un uso destructivo, irás hacia el Infierno; no hay otro significado de Cielo e Infierno. Considera lo que estás haciendo. ¿Sabes cuánta energía se dispara en alguien cuando se enoja? ¿Sabes que en una rabieta aun un hombre débil puede levantar una roca que ni en sueños hubiera podido levantar cuando estaba calmado? Un enojo puede dominar en un momento a un hombre fuerte, pero tranquilo.

Sucedió una vez en Japón: había un grupo de gente llamada *samurai*: los guerreros de ese país, que hacían su vida por la espada. La vida y la muerte era un juego para ellos. Había uno que era un gran guerrero y el jefe de las tropas. Su esposa se enamoró de uno de los sirvientes de su casa. Era una costumbre que cuando la esposa se enamoraba de otro hombre, éste era retado a duelo, lo que significaba que uno de ellos sería muerto, y quien fuera el ganador del duelo podría quedarse también con la esposa.

El sirviente también estaba enamorado de la esposa del gran *samurai*, y el guerrero le dijo:

—Eres un tonto, ahora no hay otra opción que pelear en un duelo hasta la muerte. Ahora tenemos que pelear. Mañana en la mañana, ven con una espada.

El sirviente estaba asustado. Su amo era un hombre muy fuerte y él era sólo un sirviente que barría y quitaba el polvo. ¿Cómo podría luchar con una espada? Él nunca había tocado una espada. Decía:

—¿Cómo puedo levantar una espada?

El *samurai* contestaba:

—Ahora no puede ser de otra manera. Mañana tendrás que pelear con una espada.

El sirviente se fue a su casa y pensó en ello durante toda la noche. No había escapatoria. A la mañana siguiente tomó la espada —nunca había tocado una espada— y salió de su casa. La gente estaba sorprendida de verlo, porque, cuando llegó al lugar del duelo, se veía como un fuego ardiente. El *samurai* se puso nervioso cuando lo vio y le preguntó:

—¿Aprendiste cómo usar una espada? —el sirviente no había tomado la espada de la manera correcta.

El sirviente dijo:

—No hay duda ahora, mi muerte es segura. Y desde que estoy seguro de que moriré, entonces trataré de ganar. La muerte es segura, así que trataré de matarte.

Y fue un duelo inusual: ¡el guerrero fue muerto y el sirviente ganó! Cuando el sirviente fue consciente de que su muerte era segura y de que no había escapatoria, esto creó una extraordinaria energía en él. No sabía cómo pelear con una espada e hizo justo lo opuesto de lo que se esperaba, lo que lo puso en un peligro mayor. Pero cuando vio la fuerza de su ataque, su enojo, su presencia, el guerrero se retiró. Toda su experiencia fue inútil, porque él estaba peleando con verdadera calma. Para él esto no era nada, para él era una pelea ordinaria. Se mantuvo moviéndose hacia atrás hasta que fue muerto por la pura fuerza de la energía del sirviente. Él murió, y el hombre que era un completo ignorante, quien no tenía absoluto conocimiento de esta arte, ganó.

El enojo o cualquier otra emoción te da mucha energía. Cada célula viva de tu cuerpo genera energía, y hay muchas de energía almacenada en el cuerpo. Ésta es para emergencias, como una medida de seguridad, y ésta no es usada todo los días.

Si te pidiera que participaras en una carrera, no importa lo mucho que lo intentes, no correrás tan rápido como si alguien te estuviera persiguiendo con una pistola. Lo importante es que, en esos momentos, la energía que está almacenada para una emergencia sea liberada en el torrente sanguíneo. En esos momentos, el cuerpo es bañado con energía. Si esta energía no es usada creativamente, entonces te dañará, te destruirá.

En este mundo no son los débiles quienes cometen crímenes, son los fuertes; ellos son forzados, porque tienen mucha energía. La verdad es que los débiles no pueden hacer mucho daño, pero quienes son fuertes pueden hacer mucho daño, porque no saben cómo usar su energía creativamente. Así que todos los criminales pueden ser considerados como una fuente de mucha energía. Si ellos estuvieran dándole soporte a su energía, ésta podría ser transformada en una forma sorprendente. Debes ser consciente de que en la historia ha habido muchos casos donde el pecador se transformó repentinamente en un santo. Simplemente había mucha energía que necesitaba una transformación y entonces todo cambiaría.

Angulimal había cometido muchos asesinatos. Había hecho el juramento de que mataría a mil personas. Había matado alrededor de novecientas noventa y nueve personas y llevaba puesto un collar hecho con sus dedos. Necesitaba sólo un hombre más. Donde quiera que la gente oía que Angulimal estaba cerca, abandonaba el lugar, porque ninguno quería estar cerca de él. Él no veía a la persona, ni siquiera pensaba por un momento; simplemente mataba a quien fuera que encontrara. Incluso, el rey Prasanjit de Bihar le temía; temblaba sólo al ser mencionado su nombre. El Rey envió muchos soldados tras Angulimal, pero no pudo ser capturado.

Un día, atravesaba la región montañosa. La gente de la aldea le dijo:

—¡No vayas ahí! Tú eres un monje pacífico y Angulimal te matará.

Buda dijo:

—He escogido mi camino, y no lo cambiaré por ninguna razón. Si Angulimal está ahí, entonces, hay aún una mayor necesidad en mí de ir ahí. Queda por ver si Angulimal me matará o yo lo mataré a él.

Pero la gente dijo:

—¡Es una completa locura! Ni siquiera tienes un arma. ¿Cómo vas a meter a Angulimal?

Buda no era un hombre violento, y Angulimal era enorme, casi como un hombre demonio. Pero Buda dijo:

—Ahora tenemos que ver si Angulimal mata a Buda o Buda mata a Angulimal. Y yo sólo caminaré en mi sendero escogido. Una vez que he escogido un camino, no lo cambio. Y esto es del todo afortunado, porque tendré la oportunidad de conocer a Angulimal. Ésta es una inesperada oportunidad.

Así que Buda llegó al lugar donde Angulimal observaba desde su escondite secreto: un inofensivo monje caminaba lentamente por el sendero. Desde su escondite, Angulimal gritó:

—¡Escucha, no vengas aquí! Sólo porque eres un *sannyasin* es que te estoy advirtiendo. ¡Regresa! Siento pena por ti, viendo que caminas tan tranquilamente, tan lentamente. Regresa, no te acerques más, porque no acostumbro sentir pena por nadie. Te mataré.

Buda le respondió:

—Tampoco acostumbro sentir pena por nadie. Y cuando se presenta un desafío como éste, ¿cómo puede un *sannyasin* dar vuelta atrás? Así que estoy llegando y tú deberías salir de donde te escondes.

Angulimal estaba realmente sorprendido:

—¡Este hombre debe estar loco! —tomó su hacha y bajó. Cuando estuvo cerca de Buda, le dijo—: Estás invitando a la muerte sin necesidad.

Buda respondió:

—Antes de que me mates, sólo haz una pequeña cosa. ¿Ves aquel árbol? Arranca cuatro hojas de él.

Angulimal tomó su hacha y cortó una rama del árbol. Entonces dijo:

—Aquí están cuatro mil hojas en vez de cuatro.

Buda le dijo:

—Haz una cosa más. Antes de matarme, vuelve a unir esa rama al árbol.

Y Angulimal replicó:

—Eso será difícil.

Buda le contestó:

—Incluso un niño puede destruir algo; pero sólo quien puede hacer que algo vuelva a la vida es realmente un hombre, un hombre poderoso. Tú eres un debilucho, ¡tú sólo destruyes! Deja de considerar que eres un hombre fuerte: ni siquiera puedes volver a unir una pequeña hoja a la rama.

Angulimal lo pensó seriamente por un momento y dijo:

—Eso es verdad. ¿Hay realmente alguna manera de volver a unir la rama?

Buda le respondió:

—¡Sí! Se trata del camino en el que estoy.

Angulimal lo pensó, y su mente egoísta logró darse cuenta por primera vez de que no hay fortaleza en matar; incluso, un hombre débil puede matar. Así que dijo:

—No soy débil, pero, ¿qué puedo hacer?

Buda le respondió:

—Sígueme.

¡Angulimal se convirtió en monje! Fue a la aldea a pedir limosna, pero todos se asustaron. Su subieron a los techos de sus casas y empezaron a lanzarle piedras. Él cayó sangrando, golpeado por piedras que venían de todos lados. Y Buda fue a su lado y dijo:

—¡Angulimal, *brahmin* Angulimal, levántate! Hoy has probado tu coraje. Cuando sus piedras te golpeaban, tu corazón no se llenó de ira. Y aun cuando tu cuerpo comenzó a sangrar y estabas herido, tu corazón estuvo lleno de amor por ellos. Has probado que eres un hombre. Te has convertido en un *brahmin*, alguien que ha llegado a conocer la divinidad.

Cuando Prasanjit escuchó del cambio de Angulimal, fue a ver a Buda. Se sentó y dijo:

—He oído que Angulimal se ha convertido en un monje. ¿Puedo verlo?

Buda respondió:

—El monje que está sentado a mi lado es Angulimal.

Al escuchar esto, las manos y las piernas de Prasanjit comenzaron a temblar. Este monje todavía era llamado con el mismo nombre, y el miedo que él sentía tampoco había cambiado.

Pero Angulimal dijo:

—No temas. ¡El hombre se ha ido! La energía que tenía se ha transformado. Ahora estoy en un diferente camino. Ahora, incluso si me matas, no pensaría mal de ti.

La gente le preguntó a Buda cómo tal hombre cruel podía estar tan transformdo. Buda les dijo:

—No es cuestión de bien o de mal; es sólo cuestión de transformar la energía.

Nadie en el mundo es un pecador ni nadie es un santo. Sólo hay senderos para la energía. Hay mucha energía almacenada dentro de nuestros cuerpos y esta energía debe ser usada creativamente.

Así que, primero, cuando una emoción llegue, libérala a través de tu cuerpo haciendo cualquier tipo de ejercicio. Segundo: aprende a ser creativo. Todos ustedes no tienen creatividad.

Anoche estaba hablando acerca de cómo en los viejos tiempos cada aldea tenía un zapatero, y cuando cualquiera se ponía sus zapatos, el zapatero decía con orgullo: "Yo los hice". Era orgullo de artista. Otro hombre podía haber hecho ruedas para las carretas, y con orgullo él también diría: "Ellas han sido hechas por mí".

En estos tiempos has perdido el placer de crear; no hay mucho que sea hecho por las manos del hombre. No creas nada.

La forma en que el mundo se mueve ahora pronto no dejará nada que pueda ser hecho por las manos del hombre. Y el deleite que alguien acostumbraba sentir por crear algo ha desaparecido. Si esto es destruido, ¿qué pasará con toda esta energía? Se volverá destructiva. Naturalmente, la energía se ha movido en una dirección, ya sea hacia la destrucción o hacia la creatividad.

Aprende a llevar una vida creativa. Creatividad significa que hagas algo solamente por el deleite que ello te da. Puedes esculpir, escribir una canción, cantar una canción, tocar la cítara; no importa qué hagas, pero haz algo sólo por placer y no como una profesión. Haz algo en la vida que sea sólo por placer, algo que no tenga que ver con tu profesión. Entonces toda la energía destructiva se transformará y se convertirá en creativa.

Te he pedido que redirijas tus emociones y que le des a tu vida ordinaria una dirección creativa. No te preocupes, puedes hacer simplemente un jardín alrededor de tu casa y amar las plantas y sentir placer en ello. No tienes que hacer mucho; ¡pule una piedra y haz una estatua con ella! Todo hombre inteligente necesita hacer algo creativo además de subsistir. Alguien que no le da tiempo a la creatividad estará en problemas y arruinará su propia vida.

Pueden escribir una pequeña canción; no tienen que hacer mucho. Vayan a un hospital y denle flores a los enfermos. Si ves a un mendigo en el camino, dale un abrazo. Haz algo creativo que sea sólo por tu placer, del cual no tengas que dar nada y no tengas que tomar nada; el acto en sí mismo es tu deleite.

Así que escoge una actividad en tu vida que sea sólo para tu placer. Dirige toda tu energía hacia ella, y entonces no habrá energía destructiva. Entre más creativo seas, más desaparecerá tu enojo. La ira es el signo de las personas que no son creativas. Tienes mucha energía en tu interior, ¿a dónde irá? Saldrá a través del sexo, a través del deseo sexual. Tiene que salir de alguna manera.

La razón de que personas muy creativas, grandes escultores, pintores o poetas, sigan sin casarse es que toda su energía ha sido usada en sus procesos creativos. Su energía ha sido transformada, sublimada. Si no ha sido sublimada, debería ser usada en el modo menos creativo: la creación de niños. Entonces, la energía que podría ser usada para crear grandes cosas, gran poesía, grandes pinturas, podría ser usada para la reproducción. Así que es muy importante sublimar energía, liberarla.

Así que recuerda esto, en orden de la total purificación del cuerpo, debes tratar de vivir la vida creativamente. Sólo una persona creativa puede ser religiosa; nadie más puede ser religioso.

He referido una básica orientación para la purificación del cuerpo, ahora unos cuantos puntos menores. Estos primeros puntos son básicos. Si se cuidan, las cosas menores se cuidarán automáticamente.

Una de las cosas menores que es muy útil en la purificación del cuerpo es la alimentación. Tu cuerpo es totalmente un mecanismo físico: lo que sea que pongas dentro de él lo afectará naturalmente. Si yo bebo alcohol, las células en mi cuerpo se volverán inconscientes; esto es natural. Y si mi cuerpo es inconsciente, entonces esto tendrá un efecto en mi mente. El cuerpo y la mente no están separados uno del otro, están conectados.

El cuerpo y la mente no están separados; ellos están juntos, un cuerpo-mente; esto es psicosomático. La mente y el cuerpo son uno. La mente es la parte más sutil del cuerpo y el cuerpo es la más ordinaria parte de la mente. En otras palabras, no hay dos cosas diferentes. Es así que cualquier cosa que pase en el cuerpo, tiene su eco en la mente, y cualquier cosa que pase en la mente tiene sus efectos en el cuerpo. Si la mente está enferma, el cuerpo no se mantendrá saludable por mucho tiempo. Este mensaje se transfiere entre los dos y tiene efecto en ambos. Es por eso que quienes aprenden a tener la mente saludable, automáticamente entienden cómo mantener el cuerpo saludable. Ellos no tienen que trabajar en ello; ellos no tienen que hacer ningún esfuerzo.

El cuerpo y la mente están conectados. Cualquier cosa que le pase a la mente le pasa al cuerpo. Es por eso que tendrás que ser cuidadoso con tu dieta y con lo que comes.

Primero, no deberás comer tanta comida que tu cuerpo se sienta aletargado; el letargo no es saludable. Tu comida no debe tampoco hacer que tu cuerpo se excite: la excitación no es saludable, porque la excitación crea desequilibrio. Debes comer lo suficiente, de modo que tu cuerpo no se consuma, porque eso sólo crea debilidad. Si la energía no es producida, entonces no será posible progresar hacia la suprema conciencia. Tu dieta debe crear energía, pero no debe estimularte. La energía debe ser creada, pero no debes comer tanto que tu cuerpo se aletargue. Si comes de más, entonces toda tu energía será usada para la digestión y el cuerpo se llenará de letargo.

Cuando el cuerpo está aletargado, significa que toda la energía está siendo usada para digerir la comida. El resto del cuerpo se aletargará. El letargo es un indicador de que has comido de más. Después de comer debes sentirte refrescado y con energía, no letárgico. Esto es lógico. Cuando tienes hambre, comes; entonces debes sentirte refrescado, porque el combustible que necesitas para crear energía ha sido suministrado. En lugar de ello te sientes perezoso. Esta pereza simplemente significa que has comido de más y ahora toda tu energía está siendo usada en digerir la comida. Toda la energía del cuerpo será dirigida hacia el estómago y la falta de energía en el resto del cuerpo te aletargará.

Así que si la comida te da energía, entonces es la correcta; si no te estimula, entonces es la correcta; si no te intoxica, entonces es la correcta. Recuerda estas tres cosas: si tu dieta es saludable, no te aletargará; si tu dieta es saludable, no te estimulará; si tu dieta es saludable, no te hará sentir intoxicado. No creo que yo necesites una explicación detallada de este punto. Puedes entender esto y hacer los ajustes necesarios.

El segundo de los puntos de menor importancia: el ejercicio es absolutamente importante para el cuerpo, porque todos los elementos de los que el cuerpo está conformado se desarrollan con el ejercicio. El ejercicio ayuda a su desarrollo. Cuando corres, cada célula, cada célula viva de tu cuerpo se expande. Y cuando ellas se expanden, te sientes muy saludable y cuando ellas se contraen, te sientes enfermo. Cuando tus pulmones se llenan con oxígeno y todo el dióxido de carbono es expulsado, la presión de tu sangre aumenta y las impurezas son eliminadas. Es por eso que en yoga se limpia el cuerpo; la total purificación del cuerpo es considerada una necesidad vital. Así que algo de ejercicio es bueno.

El descanso excesivo es dañino, el ejercicio excesivo también es dañino. Es por eso que no te estoy pidiendo que hagas mucho ejercicio, excesivo ejercicio: un poco de regular ejercicio te hará sentir saludable. Y no descanses demasiado; descansa un poco, descansa sólo en la misma medida en que te ejercites.

En este siglo no hay lugar para el ejercicio ni el descanso. Estamos en una situación extraña: no nos ejercitamos ni tampoco descansamos. Lo que llamas descansar no es descansar del todo. Estás acostado, dando vueltas en la cama. Eso no es descanso. Descansar es un largo y profundo sueño en el que todo el cuerpo esté dormido, todas sus actividades hayan disminuido y todo el estrés bajo el cual has estado sea liberado.

¿Has considerado que si te levantas en la mañana y no te sientes refrescado ni saludable, eso afecta tu comportamiento? Si no has dormido y un pordiosero viene hacia ti en la mañana, es improbable que le des algo. Pero si has tenido una buena noche de sueño, es improbable que te rehúses a darle algo. Es por eso que los pordioseros vienen a tu puerta en la mañana, porque en la mañana es más fácil para ellos que les des algo, pero no por la tarde. Esto es perfectamente lógico. Ésta es la razón por la que los pordioseros vienen a pedir por la mañana y no en la tarde; en la tarde es inusual. Para entonces tú estás muy cansado y el cuerpo está en una condición en la que probablemente no querrás darle nada. Es por eso que ellos vienen en la mañana. El sol ha salido, tú has tomado un baño, alguien en la casa ha orado y el pordiosero está parado afuera. Será muy difícil negarte a él.

Si el cuerpo ha tenido un buen descanso, tu comportamiento cambiará de acuerdo con ello. Es por eso que la comida y el descanso tienen siempre que ser tomados en relación uno con el otro. Tu dieta debe estar relacionada con tu estilo de vida. Si hay pureza en ambos, entonces tú puedes tener un gran movimiento en tu vida, y será más fácil para ti entrar en tu mundo interior.

De la misma manera en que necesitas saber cómo ejercitarte, algún entendimiento acerca de cómo descansar es necesario. En orden de descansar necesitas saber cómo relajar tu cuerpo. Entenderás esto cuando meditemos esta noche. Cuando descansas después de la meditación, realmente descansas.

Es posible que aquí haya amigos que no sean capaces de hacer ejercicio regularmente, quienes no puedan ir al bosque, quienes no serán capaces de escalar montañas. Para ellos sugeriré otra meditación.

En la mañana, después de tomar su baño, ellos deben recostarse en la cama en un cuarto cerrado por quince minutos, e imaginar que están escalando una montaña o que están trotando. Sólo imaginen y no hagan nada. Los ancianos pueden, de hecho, ir a las montañas. Entonces, recuéstate en un cuarto cerrado con tus ojos cerrados e imagínate escalando una montaña o corriendo. El sol está brillando y tú estás corriendo; has empezado a respirar profundo. Y tu imaginación es lo suficientemente poderosa; entonces, en quince minutos encontrarás que has tenido una experiencia de puertas afuera en efecto. En quince minutos te sentirás tan fresco como si te hubieras ejercitado. No es necesario que realmente hagas ejercicio, porque las células de tu cuerpo que has ejercitado están despiertas. En otras palabras, vendrán a un estado en el que estarían si las hubieras ejercitado.

Te habrás preguntado por qué cuando sientes temor en un sueño y te despiertas, tu corazón continúa palpitando rápido. El temor estaba en el sueño, era irreal; entonces, ¿por qué el corazón late tan rápido? ¿Por qué está palpitando rápido aun cuando has despertado? El corazón está latiendo rápido porque no sabe si estabas soñando o si era realidad. El corazón sólo sabe que había temor. Por ejemplo, si tú imaginas que estás haciendo ejercicio, será tan útil como si tú realmente te estuvieras ejercitando; no hay diferencia. Es por eso que la gente que está tan instruida en estas cosas crea estas técnicas. Si pones estas técnicas en una pequeña célula, no dañaría tu salud, porque ellas descansarían por quince minutos y harían su ejercicio de esta forma.

Pruébalo. Quien no pueda salir, puede usar esta técnica tan bien como la meditación para dormir, la cual se hará por la noche. Puedes hacer ambas justo antes de dormir. El cuerpo puede purificarse de esta forma. Y si el cuerpo es puro, entonces sentirá un gran regocijo, y en este regocijo puedes ir a tu profundo interior. Éste es el primer paso.

Hay otros dos pasos: purificación del pensamiento y purificación del alma. Las explicaré.

En la periferia hay tres pasos: la purificación del cuerpo, la purificación de la mente y la purificación emocional; entonces, hay tres pasos para encontrar el centro: soltar el cuerpo, soltar los pensamientos y liberarse de las emociones. Cuando estos seis estados están completos, llega *samadhi*. Así que, paso a paso, hablaremos de ellos durante estos tres días y será suficiente. Pensarás en ellos, los entenderás y los probarás, porque, sin importar cómo yo te hable de ellos, tú debes experimentarlos. El significado será sólo claro para ti si los experimentas; de otra manera, lo que yo diga no te revelará ningún secreto.

〰〰〰〰〰〰〰〰〰〰〰〰〰

Ahora haremos la meditación de la mañana. Acerca de la meditación de la mañana, me gustaría decir que el primer paso será el mismo que practicamos anoche: tomar una resolución. Haremos la resolución en cinco pasos. Después de esto, descansaremos por dos minutos, tomando respiraciones profundas. Después meditaremos en silencio por un rato.

Primero tomaremos la resolución; después descansaremos y el último paso es meditar. Éstos serán los tres pasos de la meditación que hagamos en las mañanas. La resolución será la misma que te sugerí anoche: respiraremos profundamente y, mientras el aire entra, mantendremos el pensamiento en la mente: "Voy a hacer un esfuerzo consciente de entrar en meditación. Voy a experimentar la meditación". Mantén este pensamiento continuamente mientras el aire va entrando y tus pulmones se van llenando. Llena los pulmones tanto como puedas; luego, mantén la respiración por un segundo, por dos segundos, tanto como puedas. Cuando tomes aire, toma tanto como puedas, entonces, mantén tu respiración por un momento. En yoga, este ejercicio es llamado *purak*, *rumbhak*, *rechak*. Inhala y mantén el aire al mismo tiempo que tomas tu resolución, deja que resuene en tu mente; entonces exhala y deja que el pensamiento continúe resonando en tu mente; entonces, espera, permitiendo que el pensamiento continúe resonando en tu mente. De esta manera, la resolución encontrará tu mente inconsciente en lo profundo de tu interior. Tu ser entero sabrá que has tomado la decisión de entrar en meditación. Entonces, tu ser entero te ayudará; de otra manera sólo vagarías por aquí y no habrá cambio.

Así que primero toma la resolución; entonces, concéntrate en tu estado emocional. Después, tienes que tomar una resolución; por dos minutos deberás invocar los sentimientos de esperanza y alegría de los que te hablé ayer. Por dos minutos piensa que tu cuerpo está en una condición muy saludable; imagina que estás experimentando un gran regocijo, tanto, que cada célula de tu cuerpo está viva y tú te sientes lleno de esperanza. Pasarán cosas; sólo toma la decisión. Entonces, siente que hay paz alrededor tuyo; tanta que hay una gran felicidad dentro de ti; tanta que estás lleno de esperanza y cada célula de tu cuerpo está viva y gozosa. Después de esto, haremos la meditación de la mañana.

Durante la meditación de la mañana mantén tu espalda derecha, relájate y mantente así. Todos los movimientos del cuerpo se deben detener y tu espalda debe estar derecha. Cierra tus ojos y toma lentas respiraciones; lentamente aspira y lentamente expira. Observa tu respiración. Mantén tus ojos cerrados y observa tu respiración entrando y saliendo.

Hay dos manera para observar tu respiración: una es observar tu abdomen, cómo tu estómago sube y baja; la segunda manera está cercana a la nariz, donde el aire sale. Haz lo que sea más fácil para ti. La mayoría de la gente encuentra más fácil observar la nariz. Cuando el aire, al entrar, mueve la nariz y cuando la mueve, otra vez, al salir. Observa el punto que el aire toca, entrando, saliendo. Cualquiera que haya intentado concentrarse en el ombligo antes, encontrará que es más fácil observar el ombligo. Deberá observar el ombligo, el vientre creciendo y sumiéndose. Concéntrate en lo que te sea más cómodo. Observa tu respiración por diez minutos.

Ahora, nos acomodaremos para la meditación de la mañana. Siéntate aparte de los demás. Siéntate lo suficientemente separado, de manera que no puedas tocar ni escuchar a nadie más.

Capítulo 3
Encontrando calidad de vida

Mis muy amados:

Primero hay una pregunta:
si un buscador encuentra un rayo de luz,
¿cómo debe tomar esta experiencia?

Cómo dije esta mañana, cualquier sentimiento de regocijo, paz o alegría que experimentes, lo sentirás dentro de ti continuamente, por veinticuatro horas en el día. ¿Cómo harás esto? Hay dos maneras: una forma es recordar y recrear este particular estado de conciencia, el cual has experimentado durante la meditación. Por ejemplo, durante la meditación respiras lentamente; así durante el día, en cualquier momento en que encuentres tiempo, cuando no estás haciendo nada en particular, haz más lenta tu respiración y concentra tu atención en un punto bajo tu nariz, donde el aire entra. Recordando estos sentimientos, imagínate sintiéndote feliz, alegre, silencioso y nutrido. Trae estos sentimientos de regreso. En cualquier momento en que recuerdes: yendo a la cama, despertando, caminando en la calle; donde quiera que estés, trae estos sentimientos de vuelta. El resultado será que muchas veces, durante el día, estos recuerdos sacudirán algo en tu interior. Y, después de un tiempo, vendrán cuando no hagas ningún esfuerzo especial para recordar, estarán contigo constantemente, como cuando respiras.

Así que, primero, tendrás que recordar constantemente estos sentimientos en tu interior, sin importar cuándo sea el momento en que estos pensamientos vienen a ti. Por ejemplo, cuando te encuentras en tu cama, recuerda el estado en el que te encontrabas mientras estabas meditando. Cuando estás en una caminata, cuando miras la luz de la luna en la noche, cuando te sientas bajo un árbol y no hay nadie alrededor, cuando estás solo en tu habitación, recuerda estos sentimientos. Viajando en un autobús o viajando en tren, siéntate solo, cierra tus ojos y recuerda estos sentimientos. Incluso, durante el día, cuando estés ocupado con tu trabajo, aun en tu oficina, toma cinco minutos y ve a la ventana, toma una respiración profunda y trata de recordar este estado del ser.

Si haces esto incluso diez o quince veces al día, recordando por un minuto o dos, llegará el momento en que será más y más continuo. Lentamente encontrarás que no hay necesidad de recordar, esto permanecerá en ti. Así que sólo hay una manera: llevar contigo y en tus pensamientos, en cualquier momento, tu experiencia en la meditación y dejarla entrar en tu conciencia.

La segunda manera es la que ya les he sugerido, cuando vayan a la cama en la noche, hagan su resolución. Mientras más fuerte hagas tu resolución, tu estado de meditación será más continua. Cuando hayas experimentado la meditación, esa noche, cuando vayas a la cama, haz lo mismo: evoca dentro de ti lo que experimentaste durante la meditación y la misma experiencia estará contigo durante las veinticuatro horas del día.

El ejercicio que te he dado, de hacer tu resolución al soltar el aire, y hacer la resolución y, entonces, tomar aire y hacer tu resolución… Cuando experimentes un estado de silencio, entonces usa el mismo procedimiento, trae a tu mente el pensamiento y lo que sea que sientes durante la meditación estará contigo todo el tiempo, como una corriente interna. Si repites el pensamiento, encontrarás que meditas sin ningún esfuerzo. Será más beneficioso si haces las dos cosas al mismo tiempo. Después, cuando hablemos acerca de la purificación de los pensamientos y de las emociones, estaremos más dispuestos a discutirlo más a fondo. Pero puedes experimentar con ambos ejercicios.

En la jornada de veinticuatro horas tienes mucho más tiempo libre cuando no tienes nada importante qué hacer. Si este tiempo libre puede ser usado para recordar estos momentos de meditación, esto puede hacer una gran diferencia. Míralo de esta manera: hace dos años, alguien te insultó o tuviste un trágico incidente; si ahora trataras de recordar ese incidente, te sorprenderías al darte cuenta de que, mientras lo recuerdas, todo tu cuerpo y tu mente lentamente volverán a estar como en aquel estado en el que estuvieron cuando en efecto tuviste esa experiencia hace dos años. Si hace dos años alguien te insultó y hoy trataras de recordarlo, cómo se sintió y cómo fuiste insultado, te sorprenderías al ver que tu cuerpo y tu mente experimentarán el mismo estado en el que estuvieron, como si otra vez fueras insultado.

Todo se guarda en tu conciencia y no desaparece. Cualquier experiencia que se haya almacenado. Si traes de vuelta estos recuerdos, puedes experimentar las mismas cosas otra vez y puedes ir a través de las mismas emociones de nuevo. Nada es borrado de la mente humana.

Así que si mientras estás meditando ahora, te sientes bien, es esencial que recuerdes esta experiencia durante cinco minutos por diez veces en el día. De esta manera, la memoria de esta experiencia profundizará en tu conciencia y, al recordarlo de nuevo, y de nuevo, se convertirá en una parte permanente de tu conciencia. De esta manera, respondiendo a la pregunta que me han hecho, así es cómo debe ser hecho. Y es importante que lo hagas.

Muy a menudo, la gente comete el error de recordar sólo lo que es negativo y olvida todo lo que es positivo. El error básico que la gente comete es que sólo recuerda lo peor, lo negativo, y olvida todo lo que ha tenido un real valor. Rara vez recordarás esos momentos cuando te sentías lleno de amor; rara vez recordarás esos momentos cuando tu cuerpo se sentía totalmente vivo. Rara vez recuerdas esos momentos cuando sentiste el silencio. Pero siempre recordarás los momentos cuando estabas enojado y molesto, los momentos cuando fuiste insultado y cuando tomaste revancha de alguien. Siempre recordarás los momentos cuando fuiste herido, pero rara vez recordarás los momentos en los que te sentías fortalecido. Y es muy importante para ti recordar esos estimulantes momentos.

Si los recuerdas continuamente, te ayudará en dos formas: la más importante, recordando estos momentos crearás la posibilidad de que pasen de nuevo. Si alguien constantemente recuerda las cosas negativas, es muy seguro que experimente el mismo tipo de experiencias otra vez. Si alguien constantemente recuerda cosas tristes, es muy seguro que esté triste de nuevo, porque desarrollará una inclinación hacia ese tipo de cosas, y esos incidentes continuarán repitiéndose durante su vida. Todos esos sentimientos se almacenarán en tu interior y se volverá más y más fácil para estas emociones repetirse una y otra vez.

Trata de observar en ti el tipo de emociones que tiendes a recordar. Todos tenemos recuerdos. ¿Qué tipo de experiencias tratas de recordar? Y recuerda también que cualquiera que sean los recuerdos que tengas del pasado, se plantan como semillas para el futuro y recogerás las mismas experiencias en el futuro. Tus recuerdos del pasado trazan el camino del futuro.

Conscientemente, olvida cualquier cosa que no valga la pena; ¡no tiene ningún valor! Y si recuerdas ese tipo de cosas, entonces detente y pide a esos recuerdos que se vayan. Ellos no te sirven para nada. Olvida todas esas espinas y recuerda las flores. Debe haber muchas espinas, pero también hay muchas flores alrededor. Si recuerdas las flores, las espinas en tu vida desaparecerán y tu vida se llenará de flores. Si recuerdas las espinas, es posible que las flores en tu vida desaparezcan y sólo te quedarán las espinas.

Lo que llegamos a ser depende de las memorias de las que nos nutrimos, porque lo que recordamos se convierte en parte de nosotros. Cuando pensamos en algo todo el tiempo, este pensamiento trae un cambio en nosotros y llega convertirse en nuestra vida entera. Por lo tanto, recuerda todo lo que creas que es bueno y puro, cualquier cosa que creas que es importante. Y en la vida… Ninguna vida es tan miserable que la que no ha tenido momentos de paz, alegría, belleza, amor. Y si recordar esos momentos te da fortaleza, entonces es posible que incluso cuando la oscuridad te rodee, la luz de tu interior te hará tan fuerte que no verás esa oscuridad. Es posible que haya mucha pena alrededor tuyo, pero si llevas contigo esta experiencia de amor, de belleza, de silencio en tu interior, entonces no verás el dolor. Es posible que, a pesar de encontrarse rodeada de espinas, una persona pueda sentirse rodeada de flores. Lo contrario también es posible; todo esto depende de ti.

En lo individual, depende de qué altura se quiere alcanzar. En nosotros, depende de si vivimos en el Cielo o en el Infierno. El Cielo y el Infierno no son lugares geográficos; son subjetivos, estados psicológicos. La mayoría de ustedes están en el Infierno muchas veces al día y muchas veces están en el Cielo. Pero la mayoría de ustedes están en el Infierno la mayor parte del día, y algunos de ustedes han olvidado el camino de vuelta al Cielo.

Pero también hay quienes están en el Cielo veinticuatro horas al día. Hay gente en el mismo planeta que está viviendo en el Cielo. Tú también puedes ser uno de ellos. No hay nada que te detenga. Sólo comprende algunos principios básicos y científicos.

Recuerdo una historia...

Buda tenía un discípulo llamado Purna. Él era un iniciado y había llegado a ser un autorrealizado. Purna dijo:

—Ahora quiero ir y esparcir tu mensaje a todos aquellos que lo necesiten.

Buda respondió:

—Puedo concederte el permiso de irte, pero debo preguntarte algo antes: ¿a dónde quieres ir?

Había una pequeña región en Bihar llamada Sukha. Purna dijo:

—Iré a Sukha. Hasta ahora, ningún monje ha visitado esa área, y la gente de esa región nunca a escuchado tu mensaje.

Buda respondió:

—Hay una razón por la que nadie ha estado ahí. La gente de ahí es muy mala. Es posible que si vas ahí, te insultarán. Entonces, ¿cuál será tu respuesta?

Y Purna contestó:

—Les agradeceré. Les agradeceré porque, aun si abusan de mí, al final, no me habrán golpeado; ellos no podrían golpearme.

Buda dijo:

—Es posible que uno de ellos pueda golpearte. Entonces, ¿cuál será tu respuesta?

Él replicó:

—Le agradeceré, porque, aun si me golpea, al final, no me matará. Él no podría matarme.

Buda dijo:

—Quiero hacerte una última pregunta. Es posible que alguno te mate. Entonces, ¿cuál será tu respuesta?

Purna dijo:

—Le agradeceré por liberarme de esta vida en la cual podría haberme extraviado.

Y Buda dijo:

—En ese caso, ¡puedes ir a cualquier parte! Ahora, dondequiera que vayas, para ti, todos serán parte de tu familia; porque, cuando el corazón de una persona está tan completo, al punto máximo, nada en esta tierra puede hacerle daño.

Ayer, camino aquí, estaba hablando con alguien acerca de Mahavira. Se dice de Mahavira, aunque parezca mentira, que si andaba por el camino, incluso esas espinas que se pegan a uno, se escondían. Parece ficción. ¿Qué les importa a las espinas quién está caminado por donde están ellas? ¿Qué les puede interesar a las espinas si el que camina por donde ellas están es Mahavira o alguien más? ¿Y cómo una espina se puede esconder? También he escuchado decir acerca de Mohammed, que cuando caminaba por los abrasadores desiertos de Arabia, una nube podía aparecer sobre él para cubrirlo del sol. Esto parece total ficción. ¿Qué le importa a una nube quién está caminado bajo ella, si es Mohammed o alguien más? ¿Cómo es esto posible?

Pero les digo, todo es verdad. No es que las espinas se hayan escondido o que las nubes hayan aparecido; estas historias nos están revelando algo. La gente está tratando de decirnos una verdad por medio de ellas. A través de ellas, algo encantador está siendo comunicado: que las espinas no pueden herir a alguien cuyo propio corazón está libre de espinas. Y para alguien que no carga pasión abrasadora en su corazón, la tierra entera se cubre con una nube de sombra y él nunca se verá expuesto al quemante sol. Y esto es absolutamente cierto.

Cualquiera que sea tu grado de conciencia, tu vida también tendrá el mismo estado. Es una maravilla que cuando alguien hace el esfuerzo por purificarse a sí mismo, el mundo entero se convierte en un lugar amigable para él; y cuando alguien está lleno de amor, el mundo entero le muestra su amor. Y ésta es la eterna verdad: alguien que está lleno de odio, recibirá odio de vuelta. Lo que sea que demos, todo regresa a nosotros. No hay otra forma; no hay alternativa.

Así que, las veinticuatro horas del día, trata de recordar aquellos momentos en tu vida que han sido mágicos y sagrados. Recuerda aquellos pocos momentos y trata de hacerlos el fundamento de tu vida. Y trata de olvidar incluso los largos periodos de dolor, pena, odio y violencia; ellos no tienen ningún valor. Deja que desaparezcan. Exactamente como las hojas secas caen de los árboles, deja ir todo aquello que no tiene valor y conscientemente ve a reunir todo lo que está lleno de significado y de vida. Este proceso debe seguir continuamente. Deberá haber una corriente de puros y bellos pensamientos en tu mente, llenos de amor y alegría.

75

Entonces, paso a paso, encontrarás que parece que las cosas que recuerdas suceden más a menudo y que lo que tú siempre has deseado comenzará a aparecer a tu alrededor. Y que el mundo se verá diferente: los mismos ojos, las mismas flores y las mismas piedras parecerá que tienen un diferente significado... Lo que nunca habíamos pensado, porque estamos envueltos en un mundo totalmente diferente.

Así que, como he dicho, recuerda lo que has experimentado en meditación: la brillantez, un rayo, un poco de paz. Observa después de las pequeñas experiencias que tuviste, exactamente como una madre observa después a sus hijos. Los animales también tienen hijos, pero ellos no necesitan mucho cuidado; mientras menos desarrollado esté el animal, menos necesitará que le tengan cuidados. Ellos se cuidan a sí mismos. Pero en la escala de la evolución, encontrarás que si un niño humano no es cuidado apropiadamente, no sobrevivirá.

A más alto estado de conciencia, es necesaria mayor protección. A más preciada experiencia, mayor cuidado requiere. Así que si sólo tienes pequeñas experiencias, después, obsérvalas con cuidado.

¿Has preguntado cómo cuidar de ellas? Si fuera a darte algunos diamantes, ¿cómo los cuidarías? Si fueras a encontrar un valioso tesoro, ¿cómo lo cuidarías? ¿Cómo lo mantendrías a salvo? ¿Dónde lo guardarías? Querrías esconderlo; querrías guardarlo cerca de tu corazón.

Un pordiosero estaba muriendo en el hospital. Cuando el sacerdote lo visitó, el doctor le dijo que iba a morir. Así que el sacerdote fue con él para darle los santos óleos. Le dijo al pordiosero:

—Enlaza tus manos.

Pero el pordiosero dijo:

—Perdone, pero no puedo abrir una mano.

Estaba a punto de morir y no podía abrir una de sus manos. Y unos momentos después, murió. Sus manos se abrieron y encontraron unas cuantas monedas sucias que había recolectado. Las había guardado en su puño... ¡unas sucias monedas! Sabía que iba a morir, pero las guardó en su mano cerrada.

Tú sabes cómo cuidar unas ordinarias monedas; todos saben eso; pero no sabes cómo observar, después de ello, lo que es lo más valioso. Y eres como este pordiosero, con tus puños cerrados. Y cuando llega el momento de abrir tus puños, no habrá nada en ellos, excepto por algunas monedas sucias.

Protege estas experiencias... Ellas son las monedas reales. Ellas deben inspirarte; ellas deben darte un juicio fresco; ellas deben transformar algo en ti; algo nuevo debe ser provocado en ti; un anhelo por lo fundamental debe surgir en ti. Así que cuídalas. He explicado ambos métodos. Si puedes ir experimentando con ellos, entenderás.

Otro amigo ha preguntado:
¿el sexo es energía creativa?, ¿cómo la relación entre un esposo y una esposa puede hacerse creativa?

Ésta es una cuestión importante. Son muy pocas las personas para quienes esta cuestión no es importante.

Hay sólo dos tipos de personas en este mundo: un tipo es la gente que está sufriendo a causa del sexo y la otra es la gente que ha transformado su energía sexual en amor.

Se sorprenderán de saber que el sexo y el amor son dos cosas opuestas. En tanto el amor crece, el sexo decrece; y si el amor decrece, el sexo crece. Entre más amoroso seas, menos sexual serás; y si estás completamente lleno de amor, no habrá nada sexual en ti. Pero si no hay amor, dentro de ti todo será sexual.

La transformación, la sublimación de la energía sexual puede sólo suceder a través del amor. Es por esto que es inútil tratar de suprimir el sexo para liberarse de él. Si lo suprimes, puedes enfermar. De toda la gente enferma en el mundo, noventa y nueve de un ciento han tratado de reprimir su energía sexual. Y debes ser consciente de cómo la civilización se ha desarrollado; la locura ha aumentado porque la sociedad civilizada reprime el sexo más que ninguna otra cosa.

Todos reprimen su energía sexual. Y esa energía sexual reprimida crea locura, crea enfermedades mentales. Cualquier intento de reprimir tu energía sexual es en sí mismo locura. Muchos de los llamados *santos* están, de hecho, locos. Y la única razón de ello es que han constantemente intentado suprimir su energía sexual; ellos no saben que el sexo no debe ser reprimido.

Si las puertas del amor son abiertas, la energía que estaba fluyendo a través del sexo será transformada por medio de la luz del amor. Lo que han sido las llamas de la pasión se convertirán en la luz del amor. Así que vamos a dejar que este amor se expanda. El amor es el uso creativo del sexo.

Llena tu vida con amor. Puedes decir: "Nosotros siempre amamos". Y yo te digo: tú rara vez amas. Tú debes estar anhelando el amor… Y hay una gran diferencia entre los dos. Amar y necesitar amor son dos cosas muy distintas. La mayoría de nosotros permanecemos como niños, porque todos estamos buscando el amor. El amor es una cosa muy misteriosa; anhelar el amor es algo muy infantil. Los niños pequeños quieren amor; cuando la madre les da amor, ellos crecen. Ellos quieren amor también de otros, y la familia los ama. Entonces, cuando crecen, si son esposos, quieren el amor de sus esposas; si son esposas, quieren el amor de sus esposos. Y cualquiera que quiera ser amado sufre, porque el amor no se puede pedir; el amor sólo se puede dar. En quererlo no hay certeza de que lo obtendrás. Y si la persona de quien esperas amor también espera amor de tu parte, éste es un problema. Será como si dos pordioseros se encontraran y permanecieran juntos. Alrededor de todo el mundo hay problemas maritales entre esposos y esposas, y la única razón de esto es que ambos esperan amor del otro, pero están incapacitados para darlo.

Piensa un poco acerca de esto, tu necesidad constante de amor. Quieres que alguien te ame, y si alguien te ama, te sientes bien. Pero lo que no sabes es que el otro sólo te ama porque quiere que lo ames. Es como si alguien le lanzara carnada al pez: no la lanza para que el pez coma, se la lanza para atraparlo. No quiere dársela; sólo lo hace porque quiere al pez. Toda la gente enamorada que ves alrededor tuyo sólo está lanzando carnada para obtener amor. Lanzarán la carnada por un rato hasta que la otra persona comience a sentir que existe la posibilidad de obtener amor de esta persona. Entonces, él también comenzará a mostrar algo de amor hasta que, eventualmente, se den cuenta de que ambos son pordioseros. Han cometido un error: cada uno pensó que el otro era un emperador. Y con el tiempo, cada uno se ha dado cuenta de que no tienen amor del otro, y es entonces cuando comienzan las fricciones.

Es por eso que la vida matrimonial es casi como el Infierno, porque todos ustedes quieren el amor, pero no saben cómo darlo. Ésta es la causa real de las peleas. Mientras lo que te estoy diciendo no suceda, la relación entre esposo y esposa nunca será armoniosa, sin importar cuántos ajustes hagan, sin importar qué clase de matrimonio tengan, sin importar las reglas sociales que sigan. La única forma de hacerlo mejor es si te das cuenta de que el amor sólo puede ser dado y no puede ser demandado. *Sólo* puede ser dado. Lo que tú recibas es una bendición, no es una recompensa por amar. El amor es para darse y lo que sea que recibas es sólo una bendición, no es una recompensa. E incluso si no recibes nada, siempre estás feliz porque fuiste capaz de dar.

Si el esposo y la esposa hubieran empezado por dar amor en lugar de pedirlo, la vida se hubiera convertido en el cielo para ellos. Y este mundo es tan misterioso que si ellos aman más y dejan de pedir ser amados, recibirán más amor y experimentarán este misterio. Y mientras más amen, menos estarán enredados en el sexo.

Gandhi estaba visitando Sri Lanka con su esposa, Kasturba. Cuando Gandhi le dijo a la persona que lo iba a presentar a la primera función que Ba, su esposa, también estaba con él, esta persona pensó que Gandhi se refería a su mamá. De la palabra *ba*, "madre", él dio por hecho que la madre de Gandhi también había venido con él. Así que al presentar a Gandhi, dijo: "Es un gran privilegio tener a Gandhi aquí, y a su madre también".

Ba se sorprendió un poco. El secretario de Gandhi también estaba presente y estaba asustado por haber cometido un error, pues él debió haberle dicho al hombre quién era quien venía con Gandhi. Le asustaba que Gandhi se enojara con él y se sintiera insultado.

Pero lo que Gandhi dijo fue muy sorprendente. Dijo: "La persona que me ha presentando ha dicho, por error, algo cierto acerca de mí, porque desde hace algunos años Ba ha dejado de ser mi esposa y se ha convertido en mi madre".

Un verdadero *sannyasin* es aquel cuya esposa un día se convierte en su madre, y no aquel que abandona a su esposa. Una verdadera *sannyasin* es aquella cuyo esposo un día se convierte en su hijo.

Hay un hermoso dicho de los viejos sabios. En la antigüedad, un sabio podía dar la bendición: "Serás bendecida con diez hijos y tu esposo se convertirá en tu onceavo hijo". Esto es extraño. Era la bendición que se le daba a una novia cuando se casaba: deberás ser bendecida con diez hijos y tu esposo deberá convertirse en tu onceavo hijo. Había gente maravillosa, con maravillosas formas de pensar. Y había también un profundo significado en ello.

Si el amor entre un esposo y su esposa crece, no habrá más anhelo de ser esposo y esposa: su relación cambiará y habrá menos sexo entre ellos. Su relación cambiará para ser amor. Mientras haya sexo, habrá explotación. El sexo es explotación. ¿Cómo puedes explotar a la persona que amas? El sexo es la más degradante y la más explotadora forma de usar a un ser vivo. Si amas a alguien, ¿cómo puedes explotarlo de esa manera? ¿Cómo puedes usar a un ser vivo de una manera como ésa? Si amas a alguien, en tanto tu amor se haga más profundo, la explotación desaparecerá. Y si tu amor desaparece, la explotación se incrementará.

Ésta es la razón por la que podría decirle a la persona que preguntó cómo podía hacer del sexo una energía creativa que el sexo es una energía muy misteriosa. No hay energía en el planeta más poderosa que la energía sexual. La mayor parte de la atención del hombre está en el sexo. Noventa por ciento de su vida se basa en centrarse en el sexo, no en la divinidad. Hay muy poca gente cuya vida gira alrededor de la divinidad. La mayoría de la gente gira y vive sus vidas a través de centrarse en el sexo. El sexo es la más grande energía. Y si entiendes correctamente, verás que no hay otra energía que motive al hombre tanto como el sexo. Pero esta energía sexual, por sí misma, puede transformarse en amor. Y esta misma energía, si se transforma, puede llegar a ser el sendero de la iluminación.

Así que vale la pena hacer notar que la religión está profundamente conectada con el sexo; no con la represión del sexo, como es comúnmente entendido, sino con la transformación del sexo. La religión no tiene que ver con la represión del sexo. El celibato no es lo opuesto al sexo, es la transformación del sexo. La energía del sexo, por sí misma, se transforma en energía divina. La energía que circula hacia abajo, la que está descendiendo, comienza moviéndose hacia arriba. Si la energía sexual está subiendo hacia arriba, te ayudará a alcanzar el estado de conciencia superior. Y si esta energía está moviéndose hacia abajo, se dirige sólo a una existencia mundana. Pero esta energía puede ser transformada a través del amor.

Aprende cómo amar. Aprende el significado del amor. Después, cuando hablemos de la emociones, entonces claramente entenderás el significado del amor. Por ahora, sólo diré esto.

<hr />

Un amigo ha preguntado:
¿por qué los sabios no trabajan juntos en grupo?

Es una muy buena pregunta: ¿por qué no los sabios, aquellos quienes saben la verdad, trabajan juntos en grupo? Me gustaría decir que los sabios han siempre trabajado juntos. Y me gustaría agregar que no sólo esos sabios que están vivos han trabajado juntos, también los sabios que han muerto desde hace veinticinco centurias están ayudando a los que están vivos. Así que no sólo los sabios contemporáneos están trabajando juntos. Al contrario, cuando se les considera históricamente, tradicionalmente, ellos han trabajado juntos siempre.

Si lo que estoy diciendo es verdad, es porque tengo el apoyo de Buda, Mahavira, Krishna y Cristo. Si lo que estoy diciendo es verdad, entonces sus palabras se fusionan con las mías. Y si hay alguna fuerza en mis palabras, no es sólo la mía, sino la fuerza de todos aquellos que han usado estas palabras en el pasado.

Pero quienes no son sabios nunca trabajarán juntos. Y hay muchos que son llamados *sabios* que no son verdadera gente religiosa; sólo lo aparentan. Sólo la gente que no tiene escrúpulos puede trabajar junto con ellos, no los sabios que acabo de mencionar.

¿Por qué es que esta gente no puede trabajar junta? Porque no se han convertido en santos después de disolver sus egos. Su santidad es también una forma de alimentar sus egos. Y donde hay ego, ningún encuentro es posible, porque el ego siempre quiere estar a la cabeza.

Estuve en una conferencia donde muchas figuras religiosas habían sido invitadas. Era un gran evento, muchos líderes religiosos importantes habían sido invitados. No los nombraré, porque algunos podrían sentirse ofendidos; pero muchas de las más importantes personas de la India estaban ahí. La persona que organizó el evento quería que todos los invitados se sentaran juntos en el estrado y que dirigiera su discurso a la audiencia desde ahí. Pero un líder religioso, en particular, no estaba dispuesto a sentarse con todos los demás, y envío un mensaje preguntándole al organizador: "¿Quién se sentará arriba y quién se sentará abajo?". Y dijo: "Yo me sentaré arriba. No puedo sentarme debajo de nadie".

Alguien que habla por sí mismo por lo menos es honesto, pero alguien que manda un mensaje como éste es complicado y muy astuto. Este hombre envía un mensaje en el que dice que no puede sentarse con nadie más. La gran plataforma que se había organizado no fue usada, así que cada orador tuvo que sentarse solo en el estrado para dirigir su discurso a los congregados. ¡Y el estrado estaba lo suficientemente grande para que se sentaran cien personas!

¿Pero cómo cien líderes religiosos podrían sentarse juntos? Entre ellos se encontraban unos cuantos *shankaracharyas* que no podían sentarse en ningún otro lado más que en sus tronos. Y si ellos no podían sentarse en el piso, ¿cómo podrían los otros líderes religiosos sentarse en el piso junto a sus tronos?

Hace preguntarse si gente como ésta cree que algunos dirigentes son más grandes que otros, y si ellos todavía sienten que eres medido por la silla en la que te sientas, por cuán alto o cuán bajo está tu asiento. Esto simplemente muestra lo que ellos consideran que es ser importante.

Dos líderes religiosos no se pueden encontrar, porque el problema surgirá con quién será el primero en enlazar su manos como bienvenida, porque al primero que salude, de alguna manera, será inferior al otro. Es sorprendente, porque la persona que enlaza sus manos primero es realmente el superior. Pero estas cabezas religiosas creen que quien enlace sus manos primero vendrá a ser alguien inferior.

Estuve en la reunión de un importante religioso. Un político muy importante también asistió a la reunión. El religioso fue sentado en una alta plataforma y el resto de nosotros fue sentado más abajo. La reunión empezó, y el político dijo:

—Primero me gustaría preguntar por qué estamos sentados aquí abajo y usted está sentado allá arriba. Si va a dar un discurso, esto sería aceptable. Pero ésta es una reunión; habrá discusión, y usted está sentado tan alto que será imposible discutir nada. Gentilmente, baje con nosotros.

Pero el religioso no bajó. Entonces, el político pidió:

—Si usted no puede bajar, si hay una razón específica, entonces, explíquenosla.

Pero él no podía contestar, estaba temeroso. En cambio, uno de sus discípulos dijo:

—Siempre ha sido la tradición que él debe sentarse en un lugar más alto.

El político dijo:

—Él puede ser tu gurú, pero no es nuestro gurú —y añadió—: Y nosotros enlazamos nuestras manos para saludarle, pero usted no enlazó sus manos en respuesta; ¡nos dio sus bendiciones! Considere esto: si otro religioso viene a encontrarse con usted, y usted le da sus bendiciones, habrá una discusión. Usted también tiene que enlazar sus manos.

Y la respuesta fue:

—Él no puede enlazar sus manos porque no es la tradición.

La situación se puso tan fea que ninguna discusión fue posible. Le dije a ese religioso:

—Me gustaría pedir su permiso para decirle unas cuantas palabras a este político.

Él me dio su permiso. Quería que el incidente se terminara, de manera que la reunión pudiera comenzar. Las cosas se habían estancado. Le pregunté al político:

—¿Por qué es que la primera cosa que notó fue que él está sentado en un lugar más alto que los demás? —y dije—: Y debo preguntar: ¿se dio cuenta de que él está sentado más arriba o se dio cuenta de que usted está sentado debajo? Porque también es posible que usted hubiera pedido ser sentado en un lugar más alto; entonces, no creo que usted hubiera planteado la cuestión. Si todos nosotros hubiéramos sido sentados debajo y si usted se hubiera sentado con él en la plataforma, no creo que usted hubiera planteado su pregunta. El problema no es su asiento en lo alto, el problema para usted es que está sentado debajo.

El político me miró. Él tenía una posición de gran poder en esa época y era uno de los más prominentes hombres en la India. Él me miró atentamente; él era un hombre muy sincero. Dijo:

—Lo acepto. Nadie me había dicho esto. Sí, estoy siendo muy egoísta.

El religioso estaba muy satisfecho, y cuando nos estábamos yendo, me rodeó con su brazo y dijo:

—Le diste una muy buena respuesta.

Yo le contesté:

—La respuesta no fue sólo para él, también era para ti —y le dije—: Me sentí triste al ver que él es más honesto que tú, y que no te mostraste del todo honesto. Él aceptó que era su ego, pero tú no lo aceptaste. En lugar de ello, ¡alimentaste tu ego con la ayuda de mi respuesta!

Religiosos de ese tipo no pueden trabajar juntos. Todo su trabajo se basa en criticar a los otros. Todo su trabajo se basa en oponerse a alguien. Si no hay enemigos, ellos no pueden trabajar del todo. Todos sus esfuerzos se basan en oponerse y en odiar a los otros. Todos los religiosos que siguen estas tradiciones, estas religiones, sólo pueden llamarse ignorantes, porque el primer atributo de un sabio genuino es que él no pertenece a ninguna religión. La primera marca de un sabio es que no está atado a ningún límite o tradición. No tendrá ninguna restricción, no pertenecerá a nadie. Y su primer atributo será que su ego ha sido disuelto y su orgullo ha desaparecido. Pero hay maneras de aumentar el ego, de alimentarlo.

Recuerda esto: el ego se satisface con mucha abundancia; el ego puede ser satisfecho si atraviesas por mucho dolor y si tú eres muy reconocido, esto también aumentará tu ego. Si renuncio al mundo, estoy aumentando mi ego. Y aquellos cuyos egos están satisfechos nunca podrán trabajar juntos. El ego es el único factor que divide; la falta de ego es el único factor que une. Así que donde hay falta de ego, hay reunión.

Una vez, un faquir de Mohammed llamado Farid pasaba por la aldea donde Kabir vivía. Estaba viajando con algunos discípulos. Sus discípulos le dijeron:

—Es muy afortunado que estemos pasando por la casa donde Kabir vive. Quedémonos en su hogar por unos días. Nos daría una inmensa alegría si ustedes dos tuvieran un diálogo. Si los dos se encontraran y tuvieran un diálogo, sería de gran beneficio para nosotros.

Farid dijo:

—Sí, nos detendremos y nos encontraremos, pero no podrá haber diálogo.

Ellos le preguntaron:

—¿Por qué?

Él respondió:

—Nos detendremos aquí. Lo encontraré, pero no podremos hablar.

Cuando los discípulos de Kabir oyeron, dijeron:

—Farid va a pasar por aquí; vamos a recibirlo. Será un momento feliz. Por dos días ambos podrán hablar.

Y Kabir dijo:

—Definitivamente, nosotros debemos encontrarnos. Todos estarán muy felices.

Farid fue bienvenido. Farid y Kabir se abrazaron. Sus ojos estaban llenos con lágrimas de alegría, por no hubo ningún diálogo entre ellos. Se separaron, y sus discípulos se desilusionaron. Mientras se separaban, los discípulos dijeron:

—Pero, ¡no dijeron nada!

Y ellos respondieron:

—¿Qué podemos decir? Lo que él sabe yo también lo sé.

Farid dijo:

—Lo que yo sé, Kabir también lo sabe, así que, ¿de qué podemos hablar? Nosotros no somos dos personas que puedan hablar en algún nivel, nosotros somos uno. En ese nivel, las palabras son innecesarias.

Entre sabios, el diálogo no es posible. Incluso, hablar crea dualidad. En un nivel, el trabajo eterno para todos los sabios es el mismo. No hay duda de ninguna dualidad en ese nivel. No importa dónde hayan nacido, a qué comunidad pertenezcan, cuál sea su estilo de vida, ya no hay dualidad entre ellos. Pero entre aquellos que no son sabios, es natural que haya diferencias entre ellos. Ésa es la razón. Y recuerden esto: no hay diferencias entre sabios. Y si hubiera diferencias, entonces, consideren que es una señal de que esas personas no son sabios.

———————

Un amigo ha preguntado:
¿cuál es tu aspiración final u objetivo?

Él me ha preguntado cuál es mi aspiración. No tengo ninguna aspiración. Y será bueno entender por qué no tengo aspiración ni objetivo.

Hay dos tipos de acciones en la vida. Un tipo de acción es motivada por el deseo, hay una meta detrás de ella. Si le preguntas a una madre: "¿Cuál es el objetivo detrás del amor que le das a tu hijo?", ¿qué dirá ella? Ella dirá: "No sé de ningún objetivo. Sólo amo, y hay regocijo en sólo amar". No significa que tú amas ahora y recibes regocijo mañana. El amor por sí mismo es el regocijo.

Pero hay un tipo de acción que es motivada por el deseo. Ahora mismo te estoy hablando. Podría estar hablando porque obtendré algo de ello. La recompensa podría tener forma de dinero, fama, respeto, prestigio... Podría tener cualquier forma. Puedo estar hablando, porque obtendré algo de vuelta; entonces, esto estaría motivado por el deseo.

Pero estoy hablando sólo porque no puedo parar de hablar. Algo ha pasado y quiero compartirlo. Mi charla es como una flor que ha abierto y está rociando su fragancia alrededor. Si le preguntas a una flor. "¿Cuál es la meta?", no hay meta detrás de ella.

Algunos actos vienen del deseo; entonces, hay una meta detrás de ellos. Hay algunas acciones que están motivadas por la compasión; entonces, no hay metas escondidas detrás de ellas. Es por eso que cuando un acto viene del deseo, crea esclavitud. Pero los actos que vienen de la compasión no crean esclavitud. Cualquier acto que tiene una meta crea esclavitud y el que no tiene meta no crea esclavitud.

Y te sorprenderás de saber que no puedes hacer mal a menos que tengas una meta. Es una cosa extraña: hay siempre una meta en el pecado; no hay una meta cuando haces un buen acto. Y si hay una meta en un buen acto, debe haber un pecado disfrazado. Siempre hay una meta en el pecado. Sin una meta, no sería pecado. Incluso con una meta, es difícil pecar, así que sin una meta, es imposible. No puedo matar sin una razón; ¿por qué te mataría? El pecado no existe sin una razón. Porque un pecado no puede ser cometido por medio de la compasión; un pecado siempre está lleno de deseo, y el deseo siempre implica una meta. Habrá la esperanza de que recibir algo a cambio. Pero es posible actuar sin tener expectativas.

Después de que Mahavira fue iluminado, continuó trabajando por otros cuarenta años. ¿Por qué lo hizo? Había trabajado muchos años. ¿Por qué no se detuvo? Por muchos años se mantuvo en movimiento todo el tiempo; él estuvo muy activo: comía, iba aquí, iba allá, daba pláticas, daba discursos. De cuarenta a cuarenta y cinco años el continuó trabajando. ¿No estaba satisfecho? Después de que Buda se convirtió en iluminado, continuó trabajando por cuarenta años más. ¿Por qué no se detuvo? Porque en esta actividad no había ninguna meta. Ni Buda ni Mahavira tenían ninguna meta; era simplemente por su compasión.

A menudo me pregunto por qué seguir hablando con ustedes. ¿Cuál es el propósito detrás de ello? No encuentro un propósito, incluso cuando busco alguno, excepto que puedo ver algo y hay una necesidad para mí hablar de ello. De hecho, sólo para quien aún hay violencia, se mantendría callado acerca de ello.

¿Por qué esto podría ser violento?

Esta mañana te conté una historia: si veo una serpiente en tu mano y sin decir nada sigo andando mi camino pensando que no hay nada que pueda hacer, es posible que haya violencia, crueldad, dentro de mí. De otra manera, te diría: "¡Es una serpiente! ¡Arrójala!".

Y si alguien me preguntara: "¿Por qué dices que es una serpiente, que la arroje? ¿Qué te sucede?", yo respondería: "No me sucede nada, excepto que no le es posible a mi conciencia interna que me quede callado en una situación como ésta".

La motivación no viene de lo externo, a partir de que no hay meta detrás de ello. La motivación es el resultado de una conciencia interna donde no ha expectativas. Te sorprenderás de que donde quiera que no haya una meta, tu motivación viene de tu profundo interior. Así es, si hay algo que te atraiga, hay una meta. Hay cosas que nos pueden jalar desde el interior, pero no tienen una meta.

El amor y la compasión no tienen nunca un objetivo, deseo, ni quieren tener una orientación hacia una meta. Ésta es la razón por la que es mejor decir que el deseo jala, jala hacia fuera. Si ato una cuerda a tu alrededor y te jalo, esto es jalar. El deseo te jala como si tuvieras amarrada una cuerda y fueras jalada por ella. Ésta es la razón por la que nuestras escrituras religiosas llaman *pashu* a alguien que ha deseado algo. La palabra *pashu* se refiere a un animal que ha sido amarrado con una cuerda, que ha sido amarrado a algo y está siendo jalado por ello. Pero en las escrituras la palabra *pashu* no se refiere a un animal, *pashu* es usado para una persona que está amarrada con una cuerda y está siendo jalada por ella. Mientras estás siendo jalado por una meta, hay deseo; y mientras eso exista, estás amarrado a una cuerda como los animales. No eres libre. La libertad es lo opuesto a *pashu*, lo opuesto a ser amarrado y arrastrado. La libertad no se refiere a ser arrastrado en ningún tipo de esclavitud, sino moverte con la corriente que viene de tu interior. No tengo ninguna meta. Es por ello que si muriera en este momento, no sentiría ni siquiera por un segundo que he dejado algo sin hacer. Si muriera ahora mismo, sentado aquí, no pensaría ni siquiera por un momento que tengo que decir algo que no haya sido dicho, porque no hay un motivo detrás de esto, no es una cuestión de completar algo. Mientras vivo, el trabajo está hecho, y cuando muera, el trabajo terminará. Dado que no hay motivo detrás de nada, nada ha quedado incompleto. No hay motivo, sólo una inspiración que viene del interior. Es un impulso interno y lo que sea que pasa, pasa porque sí. En la India decimos que una persona así se ha rendido a la existencia. Ahora, todos sus actos serán deseos de Dios, porque ha entregado su vida a lo supremo. Ahora, todo lo que sucede es responsabilidad de lo supremo; él no es responsable por sí mismo.

Has hecho una buena pregunta. Me gustaría decir que la vida debería estar libre de deseo y dolor. Crear una vida en la cual no hay motivos y una inspiración que emerge de tu interior. Haz tu vida de tal manera que no tengas el deseo de obtener nada, sino el deseo de dar. Y no hay ninguna meta en el amor, excepto dar. Lo que yo llamo *amor* es también llamado *compasión*. Así que puedes decir que no hay ninguna meta, excepto el amor. Y el amor no tiene una meta, porque el amor es por sí mismo la meta.

◇◇◇◇◇◇◇◇◇◇◇◇◇◇◇◇◇◇◇◇

Hay una última pregunta acerca del enojo:
cuando alguien se enoja, ello produce resultados adversos
y tiene efectos en todo el cuerpo. En este estado,
¿qué se bloquea en el cuerpo?

Esta mañana, cuando les hablé, les dije que el enojo es sólo un ejemplo. Todas las emociones son energía, y si esa energía no es usada creativamente, perturbará alguna parte del cuerpo, alguna parte de la mente. La energía tiene que ser usada. Si la energía que proviene del interior no es usada, creará ciertos bloqueos. Estos bloqueos se convertirán en una enfermedad; por ejemplo, un tumor. ¿Entiendes? No es sólo enojo. Si hay amor dentro de mí y no hay posibilidad de dar este amor a alguien, creará un bloqueo en mi interior. Si hay enojo dentro de mí y no hay posibilidad de expresarlo, creará un bloqueo dentro de mí. Si hay miedo dentro de mí y no hay posibilidad de mostrarlo, el miedo se convertirá en un bloqueo. Todos los estados emocionales crean energía interna y esta energía necesita ser liberada.

Esta liberación puede ser de dos tipos. Una es una vía negativa. Por ejemplo: alguien está enojado, y la forma negativa de esta persona de expresar el enojo es ir y arrojarle piedras a alguien, golpear a alguien con un palo o atacarlo verbalmente. Ésta es la forma negativa, porque su energía es usada, pero no lo hace con beneficio. Los únicos frutos que esta persona cosechará serán que la persona a la que atacó verbalmente tome represalias con doble fuerza. Que la persona a quien lanzó piedras también se enoje. Y ésta es como la primera persona: también expresará de mal modo su enojo. Ella también tomará un palo.

Si tú lanzas piedras a alguien, ese alguien puede lanzarte una enorme piedra de vuelta. Si el enojo es usado en forma negativa, entonces creará más enojo y la energía será desperdiciada. Otra vez se creará enojo, y debido a este hábito negativo, más enojo será generado. Otra vez la energía será desperdiciada y, otra vez, por la reacción de la otra persona habrá enojo. Habrá una cantidad ilimitada de enojo, en el cual la energía será desperdiciada, y nunca terminará.

El enojo sólo se detendrá si lo usas en una forma positiva, de una manera creativa. Ésta es la razón por la que Mahavira dijo: "Una persona que odia recibirá odio en respuesta. Una persona que muestra enojo recibe enojo. Una persona que tiene pensamientos malignos recibe lo mismo de vuelta". No se termina y, al final, la energía sólo será desperdiciada.

Supongamos que estoy enojado; en respuesta, tú estás enojado. Otra vez me enojo contigo y, otra vez, tu reacción es enojarte conmigo. ¿Qué resultará de todo esto? Cada vez que me enojo, ello me debilitará y usará toda mi energía. Ésta es la razón por la que la sociedad ha hecho costumbre no mostrar el enojo. Ésta es la razón por la que la sociedad te desanima a mostrar tu enojo hacia otra persona. Es una buena regla, y lo es porque este enojo no será expresado y no se multiplicará. Pero esa energía estará todavía en mi interior. Entonces, ¿qué pasará con ella?

¿Han observado los ojos de un animal? Incluso, el más feroz de los animales tiene una mirada más suave que la tuya. Los ojos de un animal salvaje son más suaves que los ojos de un ser humano. ¿Por qué esto es así? Porque no hay energía reprimida en ellos. Cuando un animal está enojado, lo expresará: ruge, aulla, ataca, y libera su energía. No es civilizado. Cualquiera que sea su impulso, será expresado.

¿Cuál es la razón del sosiego que ves en la mirada de los niños? Ellos expresan lo que sea que estén sintiendo; su energía no crea ningún bloqueo. Cuando están enojados, expresan su enojo; cuando están celosos, lo muestran; cuando quieren arrebatar el juguete de otro niño, lo hacen. No hay represión en la vida de los niños; es por ello que son tan inocentes.

Hay represión en tu vida y es donde comienzan las complicaciones. Un bloqueo en la energía refleja una complejidad interior: algo pasa en tu interior, pero muestras algo diferente a tu exterior. Entonces, ¿dónde estará la energía que no es liberada? Se convertirá en energía bloqueada.

Lo que quiero decir es que una energía bloqueada es aquella que se atasca en tu mente o en tu cuerpo como un nudo. Es exactamente como en un río, cuando parte del agua comienza a congelarse y partes del hielo flotan en el río. Mientras las piezas se hacen más y más grandes, la corriente del río se entorpece más y más. Si toda el agua se congela, el río dejará de fluir completamente.

Así que eres como un río con bloques de hielo flotando en él. Es necesario derretir este hielo.

Esos bloques de energía son como los bloques de hielo flotando en tu flujo vital. Los reprimidos impulsos de odio, de coraje o de sexo se han convertido en grandes bloques de hielo en tu interior. Ahora ellos no dejan que el flujo de la vida corra. La vida de algunas personas se ha congelado totalmente; no fluye. Es absolutamente necesario derretir el hielo, y para derretirlo se debe usar un método creativo. Te he explicado dos formas creativas de hacerlo: una es dejar ir los viejos impulsos bloqueados y la otra es hacer un uso creativo de nuevos impulsos.

Si observas a un niño pequeño, ellos tienen mucha pasión, mucha energía en su interior. Si los dejas en la casa, tocarán esto y golpearán aquello, romperán esto y estrujarán aquello. Y les dirás: "No hagas esto, no hagas aquello". Les dirás que no hagan nada, pero no les dirás qué hacer en lugar de ello. Y no sabes qué está haciendo un niño cuando rompe un vaso. La energía dentro de él necesita salir. Ahora no encuentra otra forma, así que toma el vaso y, golpeándolo, su energía encuentra una salida, es liberada. Pero entonces le dices: "No rompas el vaso"; él deja de golpearlo. Va afuera y ahora quiere cortar las flores. Tú dices: "No toques las flores". ¡Ni siquiera puede tocar las flores! Va adentro y toma un libro, y tú dices: "No dañes el libro". Le has dicho que no haga, pero no le has dicho qué hacer. Así que los bloqueos han comenzado en ese niño y ahora se enredarán, y un día sólo habrá esos bloqueos. Sólo habrá: "no hagas esto, no hagas aquello" en su interior. No entenderá qué debe hacer.

Lo que quiero decir es que se le debe decir de una forma creativa qué debe de hacer. Si está golpeando el vaso, quiere decir que tiene energía y quiere hacer algo con ella. Le has dicho: "No hagas esto"; sería mejor si le dieras plastilina y le dijeras: "Haz un vaso. Haz un vaso exactamente como este vaso". Éste sería un uso creativo de su energía. ¿Me entiendes? Cuando él fuera a cortar flores, podrías darle papel y decirle: "Haz un flor como ésta".

Éste sería un uso creativo de su energía. Él está rompiendo en mil pedazos un libro o lo ha tomado, debes darle algo más qué hacer de modo que pueda usar esa energía.

En estos días, la educación no es creativa, y ésta es la razón por la que la vida de los niños se arruina desde su inicio. Estamos estropeando a los niños; la única diferencia es que nosotros somos adultos. De otra manera, todos nosotros estamos estropeando a los niños: desde nuestra niñez todo ha ido mal y entonces, durante toda nuestra vida continuamos haciendo esas cosas equivocadas.

Como he dicho, creatividad significa que, cuando sea que surja la energía, ésta debe ser usada de forma creativa, de tal forma que algo emerja de nosotros y nada sea destruido. La energía que alguien usa para siempre criticar a todos puede ser usada para escribir una canción. Y, ¿sabes? Es la gente que no puede escribir una canción y que no puede escribir poesía quien critica. Es la misma energía. Criticar también tiene la misma energía que se usa para escribir una canción o crear un poema, pero ello no la usan de una manera creativa. Todo lo que ellos hacen es criticar a los otros: quién está escribiendo mal, quién está haciendo qué. Éste es un uso destructivo. El mundo podría convertirse en un mucho mejor lugar si nosotros usáramos nuestra energía, toda la energía dentro de nosotros, en una forma creativa.

Y recuerda que la energía nunca es buena ni mala. Incluso, la energía del enojo no es buena ni mala; todo depende de cómo es usada. No creas que la energía del enojo es mala; la energía no puede ser buena ni mala. Incluso, la energía atómica no es ni buena ni mala: con ella, el mundo entero puede ser destruido y un mundo entero puede ser creado. Toda la energía es neutral; ninguna energía es buena ni mala. Si se usa para propósitos destructivos, se convierte en mala; si se usa creativamente, se convierte en buena.

Así que debes cambiar la manera en que usas la energía del enojo, del deseo, del sexo, del odio, y usarla de una forma creativa. Como cuando alguien trae estiércol, huele muy mal, apesta, pero el jardinero la usa en su jardín, la riega y siembra semillas. A través de esas semillas, el estiércol se convierte en un árbol. Y lo apestoso del estiércol pasa por las venas del árbol y se convierte en la fragancia de las flores. La misma suciedad, el mismo estiércol que olía mal se convierte en flores que nos dan una dulce fragancia. Ésta es la transformación de la energía. Ésta es la transmutación de la energía.

Todo lo que huele mal en ustedes puede convertirse en algo con un dulce olor. Las mismas cosas. Porque lo que apesta siempre puede tener un dulce olor. Así que no te sientas culpable si hay enojo dentro de ti; es energía y eres afortunado de tenerla. Y no creas que eres muy sexual; es sólo energía y eres afortunado de que esté ahí. Sería desafortunado si no tuvieras sexualidad; sería desafortunado si no pudieras enojarte, si fueras impotente. Entonces, tú serías inútil, porque no habría energía que pudieras usar. Así que eres afortunado de tener esta energía. Agradece toda esta energía que está en tu interior. Ahora depende de ti cómo usarla.

Todos los grandes hombres del mundo han sido muy sexuales. Sería extraño que no hubieran sido sexuales, porque si no lo hubieran sido, no habrían sido grandes.

Conoces a Gandhi. Él era muy sexual. Y el día que su padre murió, los médicos le habían dicho que su padre no sobreviviría, pero aun así, esa noche no pudo estar cerca de su padre; cuando su padre murió, él estaba haciendo el amor con su esposa. Los médicos ya le habían dicho que su padre no pasaría la noche y que él debería estar a su lado durante ella; había certeza en que él no viviría más allá de esa noche. Gandhi estaba muy arrepentido: "¿Qué clase de hombre soy?". Pero él debería haber estado agradecido de su sexualidad, porque la misma sexualidad lo hizo célibe; ¡la misma energía! Si se hubiera sentado junto a su padre aquella noche, es un hecho que ningún Gandhi habría nacido en el mundo. Bajo las mismas circunstancias la mayoría de nosotros permanecemos junto a nuestros padres no sólo una noche, incluso, hasta dos; pero no tendríamos Gandhis. Lo que a él le había parecido un mal olor esa noche, más adelante se convirtió en la fragancia de su vida.

Así que no rechaces ninguna energía. No rechaces ninguna energía que surja en ti. Considérala como una bendición y trata de transformarla. Toda la energía puede ser cambiada y puede ser transformada. Y lo que parece ser malo, puede ser transformado en algo fragante, en algo hermoso.

He tratado algunas de estas cuestiones; las que queden pendientes las trataremos mañana.

Capítulo 4
Entendiendo la mente

Mis muy amados:

Esta mañana he hablado sobre el primer paso de un buscador. También he hablado acerca de las diferentes formas de purificar el cuerpo. La segunda capa de la personalidad de un hombre son sus pensamientos. El cuerpo debe ser purificado y la mente también debe ser pura. La tercera capa son las emociones, y cuando las emociones son puras, entonces el fundamento de la meditación está listo. Cuando estas tres cosas han pasado, experimentarás gran regocijo. Habrá una extraordinaria paz en tu vida. Si estas tres cosas se han consumado, tú tendrás una nueva vida.

Pero éstos son sólo los pasos básicos para prepararte para la meditación. En un sentido, ellos son la práctica externa. La práctica interna es todavía más profunda; en ella, entregamos el cuerpo, los pensamientos y las emociones para purificarlos y vaciarlos. En la práctica externa, el cuerpo es purificado; en la práctica interna el cuerpo se abandona. Entras en un estado incorpóreo; entras en un estado sin mente y entras en un estado en el cual estás libre de emociones. Pero antes de que esto pueda pasar, es necesario remover las impurezas de tu interior.

Te he hablado acerca del cuerpo; ahora hablaré acerca de los pensamientos. ¿Qué son las impurezas de la mente?

Los pensamientos son caprichosos. Los pensamientos también dejan marcas en la mente, sin importar si son buenas o malas. Las cosas que una persona piensa afectarán también su personalidad. Si alguien están pensando en la belleza, si una persona constantemente reflexiona en la belleza, es muy natural que ella siempre hará su personalidad más bella. Si alguien está pensando en Dios, acerca de la divinidad, y sus pensamientos giran alrededor de esto, es natural que su vida estará llena de divinidad. Si alguien está pensando acerca de la verdad, es natural que la verdad se convertirá en parte de él.

En este contexto, me gustaría pedirles que reflexionaran en las cosas que constantemente tienen en su mente. ¿En qué piensan todo el tiempo? La mayoría de ustedes están pensando en el dinero, o en el sexo, o en el poder.

Hace muchos años había un rey en China. Un día, fue a la frontera de su reino, que estaba en el océano, y llevó a su primer ministro con él. Se detuvieron en la cima de una colina, mirando el océano, que se extendía por kilómetros. Había muchos barcos navegando en él, yendo y viniendo, y el rey le preguntó al ministro:

—¿Cuántos barcos llegan y cuántos barcos se van?

El ministro respondió:

—Mi señor, si quieres la verdad, sólo tres barcos llegan y tres se van.

El rey dijo:

—¿Tres? Hay muchos barcos ahí, ¿no los ves?

El ministro respondió:

—He visto sólo tres barcos: uno de dinero, uno de sexo y uno de poder. Gastamos toda nuestra vida viajando en esos tres barcos.

Esto es verdad: nuestros procesos de pensamiento viajan en estos tres barcos. Y cualquiera que viaje en estos barcos no llegará a ser puro en sus pensamientos. Él tendrá pensamientos puros sólo cuando se baje de estos tres barcos. Así que es importante para todos observar los pensamientos que se repiten en su mente; cuáles son las heridas en su mente alrededor de las cuales su pensamiento gira. Los pensamientos a los cuales su mente regresa una y otra vez serán la base de su debilidad. Así que cada uno debe descubrir esto: ¿es dinero, es sexo o es poder? ¿Constantemente piensas en una de estas cosas? ¿Piensas en mentir? ¿Piensas en ser deshonesto, en hacer trampa? Éstas son, todas, cosas menores; las primeras tres son las de mayor puntaje. Si tu mente gira alrededor de esas tres, entonces, tus pensamientos son impuros. Son llamados pensamientos impuros, porque mientras más los pienses, menos conocerás la verdad.

La pureza del pensamiento es lo mismo que en India llamamos la verdad, la bondad y la belleza. La pureza se centra en estos tres estados. ¿Cuánto piensas acerca de la verdad? ¿Piensas en la verdad todo el tiempo? ¿Te has preguntado qué es la verdad? En un momento de paz, ¿tu mente se ha preguntado acerca de esto? ¿Has sentido angustia al pensar en la verdad? ¿Sientes que quieres entender qué es la belleza? ¿Sientes que quieres saber qué es la felicidad?

Si tu mente está preocupada por pensamientos impuros, entonces tu mente es impura, y no será posible alcanzar la iluminación con una mente impura.

Los pensamientos impuros te llevan hacia fuera y los pensamientos puros te llevan hacia dentro. Los pensamientos impuros fluyen hacia fuera y los pensamientos puros fluyen hacia dentro y hacia arriba. Es imposible para alguien que está pensando en la verdad, en la bondad, en la belleza, no encontrar su vida coloreada por ellas.

Hace tiempo, Gandhi estuvo en prisión. Él acostumbraba pensar constantemente en la verdad, en la renunciación, en el desapego. En aquellos días, acostumbraba desayunar diez dátiles remojados en agua durante toda la noche. Vallabhbhai Patel también estaba en prisión con él. Le preguntaba:

—¿Qué clase de desayuno es ése? ¿Sólo diez dátiles? ¿Cómo puede ser suficiente?

Él acostumbraba remojar los dátiles para Gandhi, así que un día remojó quince dátiles. Pensó: "¿Cómo sabrá este hombre viejo si son diez o quince? Sólo se los comerá".

Gandhi vio que eran unos pocos dátiles más y dijo:

—Vallabhbhai, por favor, cuenta los dátiles.

Cuando los dátiles fueron contados, había quince de ellos. Gandhi dijo:

—Hay quince.

Vallabhbhai dijo:

—¿Qué diferencia puede hacer si son diez o quince?

Gandhi cerro sus ojos y pensó por unos minutos. Entonces dijo:

—Vallabhbhai, me has dado una gran idea. Tú dices: "¿Cuál es la diferencia entre diez o quince?", así que he entendido que no hay diferencia entre diez o quince tampoco —Gandhi añadió—: De aquí en adelante sólo comeré quince dátiles. Me has mostrado una cosa maravillosa: que no hay diferencia entre diez y quince.

Vallabhbhai se asustó. Dijo:

—Yo sólo dije que tú podrías comer un poco más. Jamás imaginé que pensarías de esta manera.

Alguien que siempre ha pensado en comer menos y menos siempre dará este tipo de respuesta, y alguien que ha pensado en comer más, no verá ninguna diferencia entre diez y quince. Pero para alguien que continuamente piensa en comer menos y menos, no hay diferencia entre diez y quince. Así que lo que piensas comenzará a mostrarse en tus hábitos diarios.

Déjame contarte otra historia más.

Gandhi acostumbraba beber agua tibia con un poco de miel y lima. Mahadev Desai era su compañero cercano, y un día le estaba preparando el agua tibia. El agua estaba caliente, hirviendo, salía vapor de ella. Gandhi la miró por un momento y dijo:

—Hubiera sido mejor si la hubieras tapado.

Mahadev dijo:

—¿Qué puede pasar en cinco minutos? Y la estaba observando, nada cayó en ella.

Gandhi dijo:

—La cuestión no es si algo cayó en ella. Hay vapor saliendo de ella que puede dañar algunos organismos —y añadió—: La cuestión no es taparla o si algo cayó en ella, pero el vapor que sale de ella puede dañar algunos organismos del aire. No hay otra razón, sólo que ellos podían haber sido salvados.

Es natural para alguien que siempre está pensando en la no violencia creer y actuar de esta manera. Así que te digo, si continuamente estás pensando acerca de algo, esto traerá un cambio en tu comportamiento diario.

Esta mañana vino un amigo con estas palabras:

—Es muy triste que a pesar de que has invitado a algunas personas dos veces, aún no estén aquí; están retrasados diez minutos.

Él sentía tristeza de que, no obstante haber invitado dos veces a la gente, ella no viniera. Si hubiera sido yo, en lugar de eso, diría que es agradable que mucha gente venga después de haber sido invitada sólo dos veces, y diría que sería todavía más agradable si esa gente que no ha venido pudiera estar aquí. Éste sería el enfoque no violento. El suyo era un enfoque violento; había violencia en él.

Así que lo que te estoy diciendo es que si piensas un poco, si creas algunos recursos para ti, para purificar tus pensamientos, encontrarás que lentamente, lentamente, habrá cambios aun en tus pequeños actos. Incluso, tu lenguaje llegará a ser no violentos, tus movimientos llegarán a ser no violentos. Tus pensamientos pueden transformar toda tu vida. Lo que sea que pienses tiene un efecto en tu vida, porque tus pensamientos tienen un poder inmenso.

Por lo que mucho depende de lo que estés pensando todo el tiempo. Si estás pensando constantemente en el dinero y estás tratando de meditar, entonces te estás moviendo en dos direcciones opuestas. Es exactamente como si hubieras atado dos búfalos, uno a cada lado de la carreta. La carreta se romperá en dos con la fuerza de los búfalos jalando en direcciones opuestas, y no se moverá hacia delante.

Si tus pensamientos son puros, entonces encontrarás que habrá cambios inmensos incluso en tus pequeños actos. La vida no está hecha de grandes proezas; está hecha de pequeñas cosas. Cómo te levantas, cómo te sientas, cómo hablas, lo que dices; mucho depende de esto. Y la principal fuerza de donde toda acción surge es la mente.

Así que tus pensamientos deberían ser orientados hacia la verdad, la bondad y la belleza. Deja que haya una constante remembranza de verdad en tu vida. Donde quiera que encuentres tiempo, reflexiona sobre la verdad, reflexiona sobre la bondad y sobre la belleza. Y donde quiera que estés a punto de hacer algo, antes de empezar, piensa si lo que estás a punto de hacer será armónico con la verdad, la bondad y la belleza, o irá en su contra. Si hay pensamientos en tu mente, considera si este flujo de pensamientos te conducirá a la verdad, a la bondad y a la belleza. Si es lo opuesto, entonces detén estos pensamientos inmediatamente, no los alientes. Ellos serán dañinos para ti, te jalarán hacia abajo y arruinarán tu vida. Así que sé consciente del tipo de pensamientos que están corriendo por tu cabeza, y con coraje, esfuerzo, perseverancia y determinación desvíalos hacia la pureza y la verdad.

Muchas veces sentirás que aún no sabes qué es la verdad. Muchas veces pensarás que aún no sabes qué es la bondad. Es posible que no seas capaz de decidir, pero al final has pensado en ella y has tratado de encontrarla. Esto, por sí mismo, es bueno y traerá cambios en ti. Y alguien que está continuamente reflexionando, lentamente, lentamente, llegará a saber qué es la verdad y qué es la bondad.

Antes de cada pensamiento, de cada palabra, de cada acto, detente por un momento. No hay prisa. Ve lo que estás a punto de hacer, cuál será su resultado. ¿Qué te dice? ¿Cuál pasará como resultado de ello? Es muy importante para un buscador pensar de esta manera.

Así que la primera cosa acerca de la base de la purificación en los pensamientos es observar en qué centras tus pensamientos. Si no los centras en ninguno de los caminos de los que te estoy hablando, entonces será de mucha ayuda para ti desarrollar esta práctica.

Será una sorpresa para ti saber que de los tres aspectos: verdad, bondad, belleza, si uno de ellos está activo en ti, entonces los otros dos se activan automáticamente. Y debo decirte que hay tres tipos de personas. Uno tiene la posibilidad de un rápido despertar al aspecto de la verdad; el segundo tiene la posibilidad de que rápidamente florezca aspecto de la bondad y el tercero tiene la posibilidad de un rápido florecimiento del aspecto de la belleza.

Habrá un aspecto dominante en cada uno de ustedes, pero incluso si uno de estos aspectos está activo, entonces, los otros dos se activarán automáticamente. Si una persona es amante de la belleza, no será una mentirosa, porque la mentira es una cosa muy fea. Si una persona es amante de la belleza, no será capaz de hacer mal, porque es muy feo hacer cualquier mal. Esto significa que no será capaz de robar, porque robar es muy feo. Así que si es totalmente devoto de la belleza, muchas cosas pueden ser posibles gracias a ello.

Hace tiempo, Gandhi fue hospedado en la casa de Rabindranath Tagore. En ese entonces, Rabindranath ya era viejo. Él era un amante de la belleza; no se interesaba en la verdad o en la bondad. Eso sólo significa que ésos no eran sus senderos directos: él era un amante de la belleza. Gandhi era su invitado. Era el atardecer y los dos estaban a punto de salir para dar una caminata cuando Rabindranath dijo:

—Espera un momento, me gustaría peinar mi cabello.

Gandhi dijo:

—¡Qué absurdo has dicho! ¿Peinar tu cabello?

Gandhi se había afeitado su cabello, así que no tenía que peinar su cabello. Y en su vejez, preocuparse por peinarse el cabello era un poco extraño, y para Gandhi era impensable. Esperó, pero un poco molesto, aunque no podía decir nada a Rabindranath.

Rabindranath fue adentro. Pasaron dos minutos, cinco minutos, diez minutos. Gandhi estaba sorprendido de que le tomara tanto tiempo. ¿Qué estaba haciendo adentro? Miró por la ventana y vio que Rabindranath estaba parado frente a un espejo de cuerpo completo peinando su cabello. Gandhi no podía definitivamente tolerar más esto y dijo:

—¡No puedo entender qué estás haciendo! El tiempo para nuestra caminata se está yendo. Y, ¿por qué necesitas peinar tu cabello? ¿Cuál es la necesidad de peinar tu cabello a tu edad?

Rabindranath salió y dijo:

—Cuando era joven, no importaba si no había peinado mi cabello, pero ahora que soy viejo, sí importa si no lo he peinado. Y no creo que esté tratando de verme bien; sólo no quiero perturbar a nadie por parecerle feo —y añadió—: No pienses que estoy haciendo esto para verme bien. El cuerpo que estoy embelleciendo y en el que me muevo se convertirá en cenizas mañana. Sé que pronto arderá en una pira y se convertirá en cenizas. Pero no quiero ser una fea vista; no quiero perturbar a nadie. Es por eso que le estoy poniendo toda mi atención.

Un amante de la belleza como Rabindranath pensará en esos términos. La fealdad es un tipo de violencia hacia los demás. Esta fealdad puede tener cualquier forma: puede estar en tu conducta, en tu lenguaje o en cualquier otra forma.

Así que si quieres aparecer bello, entonces, hazlo en su totalidad. Conviértete en alguien completamente bello, de manera tal que tu vida entera llegue a ser hermosa.

No estoy diciendo que la persona que peina su cabello está haciendo algo mal. Sólo estoy diciendo que, además de tu cabello, hay algo más que necesita ser embellecido. No estoy diciendo que si estás usando joyería, estás haciendo algo mal; estoy diciendo que está bien si usas joyería, pero, ¿por qué no también *eres* una joya? Tú has venido aquí vistiendo inmaculadas ropas blancas. Es bueno que estés usando ropa blanca, pero haz también tu interior tan blanco como ellas.

Así que trata de entender lo que es la belleza y encontrarás que la verdad y la bondad seguirán en automático. Si tratas de entender qué es la bondad, también entenderás la belleza y la verdad. Si tratas de entender la verdad, entenderás las otras dos también. Puedes hacer a cualquiera de estas tres tu fundamento. Si una de éstas es de tu interés, hazla tu centro de atención y deja que todos tus pensamientos giren alrededor de ella. Permite que tu interior sea tocado por ella. Elige una de éstas tres y concéntrate en ella. Y si la practicas toda tu vida, en cada aspecto de tu vida, en tu conducta, en tus acciones, lentamente, lentamente observarás que un extraño fenómeno está pasando: te sorprenderás de ver que mientras más lo practicas, todas las cosas no naturales de tu vida y todos los pensamientos impuros se volverán más débiles.

No te estoy pidiendo que dejes de pensar en dinero. Lo que estoy diciendo es que debes comenzar a pensar más en la bondad, en la belleza y en la verdad. Cuando empiezas a pensar en la belleza, no estarás dispuesto a pensar en el dinero, porque no hay nada tan feo como pensar en el dinero. Cuando piensas en la belleza, no estarás dispuesto a pensar en el sexo, porque no hay estado mental más feo que estar pensando en el sexo. Así que enfáticamente te digo que dirijas tu energía a aquellos estados, y encontrarás que lentamente, lentamente, tu energía regresará de los pensamientos inútiles y el dominio que ellos tenían sobre ti desaparecerá.

Con una gran conciencia tira todo lo que es impuro y con conciencia concéntrate en aquello que es puro. Cuando tus pensamientos se vuelvan puros, habrá extraordinarios cambios en tu vida. Esto es lo más importante sobre los pensamientos. Es muy importante si quieres purificar tus pensamientos.

Ahora hay algunas cosas menores que también me gustaría decir. Es importante para ti saber que todos tus pensamientos vienen del exterior. Ninguno de ellos viene del interior; todos ellos vienen del exterior. Debe haber algunos fundamentos internos para los pensamientos de tu interior, pero recuerda que todos tus pensamientos vienen del exterior. Los pensamientos por sí mismos vienen del exterior, pero hay hábitos que corren en tu interior.

Si alguien piensa en el dinero, el pensamiento de dinero debe venir del exterior, pero el deseo de dinero viene del interior; su semilla está adentro. Los pensamientos vienen del exterior y entonces se unen con tus deseos. Si alguien está pensando en sexo, el deseo de sexo vienen del exterior, pero hay una semilla interna a la cual este deseo se une. Tus pensamientos vienen del exterior, pero hay una semilla para estos pensamientos dentro de ti. Todos tus pensamientos vienen del exterior.

Para purificar tus pensamientos es importante que te des cuenta de que los pensamientos que entran a tu mente no llegan accidentalmente. Debes estar alerta al hecho de que los pensamientos que de hecho entran en tu mente son los que tú en realidad quieres; el resto tú sólo lo desechas.

Como dije antes, si alguien está tirando basura en tu casa, discutirás con esa persona; pero si alguien está tirando basura en tu mente, no pelearás con ella. Si te encuentro en el camino y comienzo a contarte una película, no lo objetarás. Pero si voy a tu casa y tiro algo de basura en ella, me preguntarás: "¿Qué estás haciendo? ¡Esto no es correcto!". Y si lleno tu mente con basura, si te cuento una película, la escucharás muy contento.

No eres consciente de que tu mente también puede ser llenada con basura. Son enemigos unos de los otros: se mantienen vaciando basura en la mente de unos y otros. ¿Qué te están haciendo las personas que consideras tus amigos? Ninguno te traicionará más de lo que ellos lo hacen. Tus enemigos son mejores que ellos; al final, tus enemigos no llenan tu cabeza con tonterías, porque no te hablan.

Se están llenando la cabeza unos a otros con basura y se quedan tan rápido dormidos, que no te das cuenta de lo que están aceptando. Tú dejas entrar todo. Eres como una casa de huéspedes sin cuidadores ni guardias en el exterior que cuiden quién está entrando y quién está saliendo. Eres un lugar en el que cualquiera puede entrar: un hombre, un animal, un ladrón o un estafador. Y puede irse cuando quiera o quedarse cuando quiera.

Tu mente no debe ser como una casa de huéspedes. Si tu casa es como una casa de huéspedes, si no está bien protegida, entonces te será difícil llegar a liberarte de pensamientos impuros. Debes vigilar con conciencia tu mente.

El segundo paso hacia la adquisición de pureza del pensamiento es la necesidad de observar tus pensamientos. Debe haber una certera vigilancia. Debes estar constantemente vigilando qué está sucediendo dentro de ti y rechazando lo que sea que sea inútil.

Recientemente estaba viajando. Había dos de nosotros en el compartimento del tren: otro hombre y yo. Él quería platicar conmigo. Tan pronto como me senté en mi asiento, me ofreció un cigarro. Le dije:

—Lo siento, pero no fumo.

Guardó los cigarros. Un poco después sacó una hoja de betel y me la ofreció:

—Por favor, acéptela.

Yo dije:

—Lo siento, pero no la quiero.

De nuevo, la guardó y se sentó. Entonces, tomó el periódico y me preguntó:

—¿Le gustaría leerlo?

Le dije:

—No quiero leer.

Entonces me dijo:

—Esto es muy difícil: usted se rehúsa a aceptar cualquier cosa que le ofrezco.

Yo dije:

—Alguien que simplemente acepta todo es un tonto. Y lo que me está ofreciendo, me gustaría mantenerlo también lejos de usted. No lo tomaré, pero también desearía que estuviera lejos de usted.

Si no tienes nada qué hacer, ¿qué haces? Tomarás el periódico y comenzar a leerlo, porque no tienes nada qué hacer. Sería mejor que simplemente te sentaras y no hicieras nada, que recolectar toda esa chatarra. No hay nada de malo con no hacer nada, pero hay algunos tontos que dicen que es mejor hacer algo que no hacer nada. No es verdad. Siempre es mejor no hacer nada, que hacer algo dañino, porque, al final, en esos momentos, no estás perdiendo nada y no estás recolectando tonterías.

Así que sé consciente de esto. Si observas el movimiento de los pensamientos de tu interior, no es difícil mantener tus pensamientos puros. Y no es difícil reconocer pensamientos impuros: los pensamientos que crean un tipo de intranquilidad en tu interior son pensamientos impuros y los pensamientos que crean un flujo de paz en tu interior son pensamientos puros. Los pensamientos que te traen alegría son puros y los pensamientos que crean cualquier tipo de trastorno son pensamientos impuros. Tienes que deshacerte de esos pensamientos. Y si tú constantemente observas tu mente, tus pensamientos se volverán más y más puros.

Y la tercera cosa: hay muchos pensamientos impuros en el mundo que se repiten. Esos pensamientos impuros crean fuego, y el humo de esos pensamientos impuros entra en tu conciencia, y te rodea, y te asfixia. Pero no olvides que hay algunas flamas de pensamientos puros todavía llameantes; hay, incluso, algunas olas de pensamiento puro vivas. En todo este océano de oscuridad hay todavía algunas fuentes de luz. Trata de acercarte a ellas. Esto es lo que llamamos *satsang*.

Aunque el mundo es muy oscuro, no todo es oscuridad; hay algunas lámparas encendidas. Aun si están hechas de arcilla y aun si la mecha es corta, al final, existen. Tú debes tratar de estar cerca de ellas, porque cuando llevas tu lámpara sin luz junto a una luminosa, existe la posibilidad de que, al estar tan cerca de la lámpara encendida, la lámpara sin luz se encienda de nuevo. Es posible que también pierda el humo y se encienda radiante de nuevo.

Acércate a las flamas que están del lado de la verdad, de la bondad y de la belleza. Acércate lo más posible a ellas. Muévete cerca de estos pensamientos, de esta gente, en las olas de esos pensamientos, donde se vuelve posible encender tu lámpara.

Puedes hacerlo de tres formas: permaneciendo cerca de los pensamientos puros y verdaderos; permaneciendo cerca de la gente pura y verdadera; y principalmente y lo más importante, permaneciendo cerca de la naturaleza. La naturaleza nunca tiene pensamientos impuros. Si miras el cielo y continúas observándolo, encontrarás que el cielo no fomenta ningún pensamiento impuro en ti. En cambio, aclarará en tu cabeza todas las tonterías y encontrarás que, mirando el cielo, sientes que te has vuelto uno con él. Si observas una cascada, sentirás que te has vuelto parte de ella. Si estás en un bosque lleno de vegetación, también sentirás que te has vuelto uno con los árboles.

Hace tiempo, un hombre le preguntó a un sabio:

—Me gustaría conocer la verdad. ¿Cómo lo hago?

El sabio dijo:

—Hay mucha gente ahora; vuelve cuando no haya nadie alrededor.

El hombre no fue a ver al sabio en todo el día, esperó hasta el anochecer, cuando no había nadie cerca. Estaba oscuro, las lámparas estaban encendidas y el sabio estaba solo. Estaba a punto de cerrar su puerta cuando el hombre dijo:

—¡Espera! Ahora no hay nadie. Has visto a toda la gente que vino a verte. He estado esperando afuera a que cada uno se fuera y, entonces, venir. Ahora estoy aquí y quiero preguntarte cómo puedo llegar a ser silencio y cómo puedo obtener la iluminación.

El sabio contestó:

—Ven afuera. No es posible en esta cabaña, porque la lámpara que nos ilumina ha sido hecha por el hombre. Y no es posible dentro de esta cabaña, porque también la cabaña ha sido hecha por el hombre. Ven afuera. Hay un gran mundo afuera que no ha sido creado por ningún hombre, ha sido creado por Dios. Ven afuera, donde no hay signos de creación humana.

Recuerda: el hombre es el único animal que deja marcas impuras detrás; ningún otro animal lo hace.

Salieron. Había bambús, había luna llena y estaba encima de sus cabezas. El sabio se detuvo frente a los árboles... un minuto, dos minutos, diez minutos, quince minutos... hasta que el hombre preguntó:

—Di algo. Sólo estás ahí parado silenciosamente. No comprendo.

El sabio dijo:

—Si pudieras, hubieras entendido. Simplemente permanece en silencio. Me he convertido en un bambú y tú puedes también convertirte en uno.

—Es muy difícil —dijo el hombre.

Y el sabio respondió:

—Éste es mi método. Cuando estoy cerca de estos bambús, después de algún tiempo olvido que soy diferente y llego a ser un bambú. Observando la luna, después de algún tiempo olvido que soy diferente y llego a ser la luna.

Permanece cerca de la naturaleza; si puedes descubrir la unidad entre tú y la naturaleza, entonces, de una forma misteriosa, tus pensamientos se volverán puros. La impureza de tus pensamientos comenzará a disminuir. Así que hay tres formas: pureza del pensamiento... y hay innumerables senderos para la pureza del pensamiento. Los seres puros nunca mueren; siempre están presentes. Pero a veces somos tan ciegos que ninguna persona viva nos parece pura. Sólo la gente que ha muerto nos parece pura. Pero es muy difícil convivir con la gente muerta; y aun así, todas las religiones veneran a la gente muerta. No hay una sola religión en el mundo que venere a los vivos; todas ellas veneran a la gente muerta. Y tienen esta falsa idea de que todas las excelsas personas que iban a nacer ya han vivido, y no puede haber más. Y tienen la idea de que si una persona está viva, no puede ser divina.

Siempre hay personas iluminadas en la Tierra; están presentes en todas partes. Si tienes ojos, las puedes reconocer. Y lo importante de esto es que si, de acuerdo con tus juicios y tus expectativas, ellas no son totalmente puras, ¿cómo puede afectarte su pasado impuro?

Había un faquir que acostumbraba decir:

—He aprendido algo de todos a quienes he conocido hasta ahora.

Alguien le preguntó:

—¿Cómo es eso posible? ¿Qué puedes aprender de un ladrón?

El faquir dijo:

—Sucedió una vez que, por un mes, fui huésped en la casa de un ladrón. Él debía abandonar la casa todas las noches para ir a robar, y debía regresar entre las tres y las cuatro de la mañana. Yo le preguntaba: '¿Así que nada sucedió?'. Y él respondía: 'Nada por hoy; quizá mañana'.

"Él no había sido capaz de robar nada durante todo el mes. A veces había un guardia en la puerta; a veces los habitantes de la casa podían despertarse; a veces no podía romper el candado; a veces había entrado en la casa, pero no había podido arreglárselas para robar algo. Y cada noche, el ladrón regresaba a la casa cansado y yo le preguntaba: '¿Así que nada sucedió?', y el respondía: 'Hoy no; pero quizá me las arregle mañana'.

"Esto es lo que aprendí de él: si no sucede hoy, no te preocupes. Recuerda: puede pasar mañana. Cuando un ladrón que ha salido a robar, a hacer algo mal, puede estar tan lleno de esperanza..."

Y el faquir continuó:

—En los días en que estaba buscando a Dios, quería *robar* a Dios. Estaba palpando las paredes y tocando a las puertas, pero no podía encontrar el camino. Estaba cansado y descorazonado, y pensaba: "Esto es desesperanzador. Sólo déjalo". Pero aquel ladrón me salvó con sólo decir: "No sucedió hoy, pero quizá suceda mañana". Y lo hice una máxima: "si no es hoy, quizá mañana". Y entonces, un día sucedió: el ladrón se las arregló para robar algo y yo también encontré la divinidad.

Así que no sólo puedes aprender de un hombre pleno. Tienes que tener la inteligencia y la comprensión para aprender, y entonces, para ti, el mundo entero estará lleno de gente plena. Si ella no está disponible, entonces...

Por ejemplo: hay personas que se cruzaron con Mahavira y pensó que era un canalla, un hombre desnudo: "¿Quién sabe quién es este hombre? ¡Quizá es un loco!". Hubo mucha gente que no reconoció a Mahavira. Debes haber oído a la gente diciendo que un hombre es un *nangaluchcha*: esta palabra se usó primero para describir a Mahavira, porque estaba desnudo, *nanga*, y acostumbraba afeitar su cabeza: *luchcha*. La gente acostumbraba decir: "Es un *nangaluchcha*". Hoy en día, esta palabra es considerada un insulto. En India, si alguien te llama de esta manera, te hará enojar. Pero al principio era usada para aquel sabio desnudo y afeitado: Mahavira. Así que había gente que se cruzaba con Mahavira y pensaba: "¿Quién sabe qué tipo de persona será?". Hubo personas que lo patearon y lo golpearon. Pensaban que era un fraude, un canalla, algún tipo de infiltrado. Esa gente no comprendía a Mahavira.

Hubo gente que crucificó a Cristo pensando que era un mentiroso. Hubo gente que envenenó a Sócrates. Y no creas que esa gente sólo existió en aquellos días; está presente entre cada uno de ustedes. Así es como la gente es. Incluso ahora, si tienes la oportunidad, podrías envenenar a Sócrates, y si tuvieras una pequeña oportunidad, crucificarías a Cristo de nuevo. Y si hubiera la ocasión, mirarías a Mahavira y te reirías de él como si fuera un loco.

Pero como están muertos, y tú reverencias la muerte, ellos dejaron de ser un problema. Es difícil reverenciar a alguien que está vivo. Es difícil aceptarlo y comprenderlo. Así que si realmente estás buscando la verdad, entonces, todo el mundo está lleno de gente iluminada. Nunca ha sucedido y nunca sucederá que no haya personas iluminadas a la mano. Y el día que esto pase, que la cadena de iluminados se detenga, desde ese día en adelante nadie se convertirá en iluminado nunca más, porque la oleada de ellos habrá llegado a su fin. Se convertirá en un desierto. Amplio o angosto, el arroyo siempre ha estado fluyendo. Habitúate a él, conéctate con él. No significa que cuando encuentres a un iluminado lo sabrás de inmediato. Pero si mantienes tus ojos abiertos, el entendimiento vendrá a través de pequeñas cosas.

Estaba leyendo en un libro sobre un sabio que seguía trabajando a la edad de sesenta años. Su nombre era Rajababu, como su madre lo había llamado. Se había hecho viejo, pero la gente todavía lo llamaba Rajababu. Un día salió a dar un paseo. El sol todavía no salía y él camino hacia las afueras de la aldea. Una mujer estaba tratando de despertar a su hijo diciéndole:

—Rajababu, ¿cuánto tiempo te vas a quedar dormido? Es la mañana ahora, despierta.

Él estaba caminado con un bastón en su mano cuando oyó: "Rajababu, ¿cuánto tiempo te vas a quedar dormido? Es la mañana ahora. Despierta".

Él oyó esto, volteó y volvió a casa. Pensó: "Ahora será difícil... Hoy he recibido mi mensaje. Hoy he oído: 'Rajababu, ¿cuánto tiempo te vas a quedar dormido? Ya es de mañana; ahora, ¡despierta!'." Y dijo: "¡Basta y sobra! Ahora ha terminado".

———————————

Ahora, quién sabe qué mujer estaba diciendo esto para despertar a su hijo; pero, para alguien que comprende, esto se convierte en un mensaje divino. Y es posible que alguien esté tratando de enseñarte algo y tú no tengas oídos para oír ni ojos para ver. Tú sólo estás sentado, escuchando, pensando que quizá esto tiene significado para alguien más.

Así que permanece cerca de la verdad, anhela la verdad, busca la verdad, descubre y alimenta pensamientos puros en tu vida, permanece cerca de la naturaleza. Todas estas son útiles condiciones y bases para el desarrollo de pensamientos puros.

Ahora te he dado algunas indicaciones para la purificación de los pensamientos, pero tendrás que entender su importancia para hacer de ellas parte de tu práctica diaria. No es sólo para hoy o mañana; no puede haber un campamento de meditación donde las cosas pasen en tres días y se termine la cuestión. La irreligiosidad es un mal que penetra la vida; así que el campamento de meditación también tendrá que irse contigo durante toda tu vida. No hay otra manera; tendrá que practicarse a lo largo de toda tu vida.

Mañana te hablaré sobre cómo purificar las emociones.

Ahora vamos a tratar de entender algo sobre la meditación de la noche y entonces nos sentaremos aquí para la meditación.

Para la meditación de la noche, haremos una resolución como la que hicimos en la meditación de la mañana. Repetiremos la resolución cinco veces. Después de esas cinco veces, las sentiremos, de la misma manera que hemos hecho esta mañana. Todos deberán recostarse antes. Recuéstate silenciosamente en tu lugar y entonces las luces serán apagadas. Entonces, relajaremos nuestros cuerpos. En la última meditación del campamento te pedí que relajaras todo tu cuerpo. Es posible que alguno no pueda hacerlo, pero tengo una sugerencia para ellos.

En yoga hay siete centros o chakras. De esos siete, usaremos cinco para esta meditación. El primer chakra se llama *muladhar* y está cerca del centro sexual. Es el primer chakra que usaremos en la meditación nocturna. El segundo chakra se llama *svadhishtan*. Considera que está cerca del ombligo, Ahora puedes imaginarlos, que el primer chakra está cerca del centro sexual y el segundo cerca del ombligo. El siguiente chakra, cercano al corazón, se llama *anahat*. El chakra de la frente se llama *agya*, y si te vas más lejos, el chakra que está en la parte superior de tu cabeza se llama *sahasrar*. Nosotros usaremos estos cinco. Hay más chakras, pero nosotros sólo usaremos estos cinco, y con su ayuda haremos que nuestros cuerpos se relajen.

Te sorprenderá saber que el primer chakra controla las piernas. Te daremos indicaciones para el primer chakra. Cuando te recuestes, te pediré que te concentres en el primer chakra, de tal manera que pongas tu atención cerca del centro sexual y la mantengas ahí. Entonces diré: "Deja que el primer chakra se relaje". Y con ello, ambas piernas deberán relajarse. Debes imaginar que el primer chakra se está relajando, que se está relajando, y las piernas se están relajando. Un poco después de darás cuenta de que tus piernas se han quedado como sin vida y están colgando de tu cuerpo.

Cuando la piernas estén relajadas, entonces nos moveremos hacia arriba, hacia el segundo chakra, cerca del ombligo. Te pediré que traigas tu conciencia al ombligo; centrarás tu atención en el ombligo. Entonces, te diré que el segundo chakra se está relajando, que todos los órganos del abdomen se están relajando. Con esta indicación todos los órganos *se* relajarán.

Luego nos moveremos más lejos, al centro del corazón, y diremos que el chakra del corazón se está relajando. Entonces, tu corazón se relajará. Tu conciencia debe estar en el chakra del corazón, cerca del corazón, y sentirás que el chakra del corazón se relaja. Entonces, toda el área, todos los mecanismos del pecho se relajarán.

Entonces nos iremos hacia arriba: en la frente, entre los dos ojos, está el chakra *agya*, el centro del tercer ojo. Dirigiremos nuestra conciencia al tercer ojo, y diré que el centro del tercer ojo se relaja y que la frente está relajada. Y con la frente, el cuello y toda el área de la cabeza se relajará totalmente, y todo el cuerpo estará relajado. Habrá una insignificante falta de peso y sólo en la parte de arriba de la cabeza habrá una pequeña vibración.

Finalmente, te dirigiré al chakra *sahasrar*, el séptimo centro, y traerás tu conciencia a la parte superior de tu cabeza. Ésta también se relajará y, con ella, toda la cabeza se relajará. A partir de estas indicaciones, encontrarás que todo dentro de ti se ha relajado. He creado este largo proceso para que cada parte del cuerpo se relaje como si fuera un cuerpo muerto.

Te daré indicaciones para estos cinco chakras, y cuando todos ellos se hayan relajado, diré que el cuerpo ha muerto totalmente; ahora, suéltalo completamente. Cuando el cuerpo se sienta sin vida, entonces diré que tu respiración se está relajando, está siendo más lenta. Te indicaré esto por un momento. Entonces, te indicaré que la mente se vacía totalmente. Así que te daré tres indicaciones: una para los chakras, otra para la respiración y la tercera para los pensamientos.

Después de todo este ejercicio, te diré que por diez minutos todo será silencio. En ese silencio, sólo sentirás al testigo dentro de ti. Habrá una luz de conciencia y estarás silenciosamente acostado ahí. Sólo tu conciencia estará ahí, sólo habrá la conciencia de estar recostado ahí. En este estado es posible que todo el cuerpo se sienta como si estuviera muerto, y lo estará, porque a través de este ejercicio con los chakras, el cuerpo será como un cuerpo muerto.

Capítulo 5
Entendiendo las emociones

Mis muy amados:

Hemos hablado acerca de dos fases que se relacionan con el viaje espiritual: la purificación del cuerpo y la purificación de los pensamientos. Las emociones están a un nivel más profundo que el cuerpo y los pensamientos. La purificación de las emociones es la cualidad más importante. En el viaje espiritual y en la meditación, la purificación de las emociones es más útil que la del cuerpo o la de los pensamientos. Esto es porque el hombre no vive mucho de acuerdo con sus pensamientos; vive más de acuerdo con sus emociones. Se dice que el hombre es un animal racional, pero no es verdad. No haces muchas cosas en tu vida como resultado del pensamiento; la mayoría la haces influenciado por tus emociones. Tu odio, tu enojo, tu amor... no tus pensamientos.

La mayor parte de las actividades de la vida se originan en el mundo de las emociones, no en el mundo de los pensamientos. Debes haberte dado cuenta de que piensas una cosa y, en el momento exacto, haces algo diferente. La razón de ello es que hay una diferencia fundamental entre las emociones y el pensamiento. Has decidido que no te enojarás; debes pensar que el enojo es malo, pero cuando el enojo te atrapa, tu pensamiento se queda del lado y te enojas.

Mientras no suceda una transformación en el mundo de las emociones, el solo pensamiento y la contemplación no pueden traer una revolución a tu vida. Ésta es la razón por la que en el viaje espiritual el punto básico son las emociones. Así que esta mañana discutiremos cómo hacer la purificación de las emociones.

De las muchas dimensiones que las emociones cubren, me gustaría enfatizar cuatro. Hablaré de cuatro aspectos a través de los cuales las emociones pueden llegar a ser puras. Hay también cuatro aspectos que pueden revertirse y convertirse en cuna de los sentimientos impuros. El primero de estos aspectos es la amistad, el segundo es la compasión, el tercero es la alegría y el cuarto es la gratitud. Si incluiste estas cuatro emociones en tu vida, podrías llegar a purificar tus emociones.

Éstas cuatro tienen sus opuestos. El opuesto de la amistad es el odio y la enemistad; el opuesto de la compasión es la crueldad, la violencia y el maltrato; el opuesto de la alegría es la tristeza, la miseria, la angustia y le preocupación; el opuesto de la gratitud es la ingratitud. Alguien cuya vida y emociones están en los cuatro aspectos opuestos, está en un estado de emociones impuras, y alguien que ha rotado en los cuatro aspectos, ha rotado en emociones puras.

Deberás encontrar qué influencia tus emociones, qué mueve tus emociones. ¿Es verdad que, en lugar de la amistad, la enemistad y la hostilidad están más en tu vida? ¿Es verdad que en lugar de la amistad, eres más propenso a la enemistad, a la hostilidad? ¿Ellas te impresionan más fácilmente? ¿Eres más fácilmente impulsado por ellas? ¿Obtienes más energía de ellas? Como dije antes, el enojo tiene energía, pero la amistad también la tiene. Alguien que sólo sabe cómo generar la energía del enojo perderá tener una mayor dimensión en su vida. Alguien que no ha aprendido cómo despertar la energía de la amistad es alguien que sólo es poderoso en las situaciones hostiles y se vuelve débil en las situaciones amigables.

No debes haberte dado cuenta de que todas las naciones del mundo se vuelven débiles en los tiempos de paz y, durante los tiempos de guerra, se vuelven más poderosas. ¿Por qué? Porque ellas no saben cómo crear la energía de la amistad. El silencio no es fortaleza para ti, es debilidad. Ésta es la razón por la que la India, una nación que ha hablado mucho sobre la paz y el amor, perdió tanto poder; porque comúnmente el único camino para sentir fortaleza es ser hostil.

Hitler escribió en su autobiografía: si quieres hacer a una nación poderosa, entonces pretende que tienes enemigos o crea enemigos reales. Dile a la nación que tiene enemigos en todas partes, aun si no los tiene. Cuando la gente cree que está rodeada de enemigos, generará mayor fuerza y energía.

Ésa es la razón por la que Hitler pretendió que los judíos eran el enemigo; no era verdad, y por diez años predicó y le explicó a todo el país que: "Los judíos son nuestros enemigos y debemos protegernos de ellos". Mucha energía fue generada. Toda la fuerza de Alemania vino de la hostilidad; toda la fuerza de Japón vino de la hostilidad. Hoy, el poder de América y Rusia también viene de la hostilidad.

Hasta ahora, la historia de la humanidad nos muestra que sólo sabemos cómo generar energía de la enemistad; no sabemos acerca de la energía de la amistad. Mahavira, Buda y Cristo pusieron los cimientos de la energía de la amistad. Ellos han dicho que la no violencia es poder. Cristo dijo: "El amor es poder"; Buda dijo: "La compasión es poder". Lo oíste, pero no lo entendiste.

Así que te digo, piensa sobre tu vida. ¿Cuándo te sientes poderoso? ¿Es cuando te sientes inquieto con alguien o es cuando te estás sintiendo pacífico y lleno de amor hacia alguien? Y verás que te sientes poderoso en condiciones hostiles; y cuando estás en un estado de conciencia y de silencio, te vuelves menos poderoso y débil. Esto significa que estás regido por la emoción impura. Y mientras más fuertes sean las emociones impuras, menos podrás entrar en tu interior.

¿Qué es lo que no te permite entrar en tu interior? Trata de entender este punto muy importante. Tu hostilidad siempre se ha concentrado en el exterior; esto significa que la hostilidad surge hacia alguien que está en tu exterior. Si no hubiera nadie en el exterior, la hostilidad no se originaría en ti.

Pero te digo que el amor no centra su atención en el exterior: incluso si no hay nadie en el exterior, el amor aun puede sentirse en tu interior. El amor es intrínseco; la amistad es intrínseca. La hostilidad necesita al otro, se relaciona con el otro. El odio es disparado hacia fuera; el amor mana desde dentro. La primavera del amor fluye desde el interior; la reacción de odio es provocada desde el exterior. Las emociones impuras son creadas en el exterior; las emociones puras fluyen desde el interior.

Trata de entender esta diferencia entre emociones impuras y emociones puras. Las emociones que son provocadas por lo que está afuera no son puras; así que tu amor, la pasión que llamas amor, no es pura, porque está provocada por lo que está en el exterior. Sólo el amor que fluye desde tu interior, que no es provocado por lo que está fuera, es puro. Ésa es la razón por la que en Oriente decimos que hay una diferencia entre amor y pasión: nosotros separamos la pasión del amor.

La pasión es provocada por lo externo. Buda o Mahavira no tienen pasión en sus corazones; ellos tiene amor.

Jesús pasaba por un pueblo. Era mediodía y estaba muy cansado. El sol pegaba muy fuerte, así que se detuvo a descansar bajo un árbol, en un jardín. La casa y el jardín pertenecían a una prostituta. Ella vio a Jesús descansando bajo el árbol de su jardín. Nadie como él se había detenido a descansar en su jardín; ella no había visto a nadie haciendo esto antes. Había visto a mucha gente hermosa, había visto a mucha gente poderosa; pero esta belleza era diferente, esta totalidad no era de este mundo. Se sintió tan cautivada por la atracción que él ejercía en ella, que, antes de que se diera cuenta, ya había llegado al árbol.

Cuando estuvo cerca de Jesús y lo miró, los ojos de él se abrieron y se levantó para irse. Le agradeció diciéndole:

—Gracias por la sombra que tu árbol me ha dado. Ahora me voy; tengo un largo camino por recorrer.

Pero la prostituta dijo:

—Si no entras en mi casa por un momento, me sentiré muy ofendida. Por favor, quédate un rato. Es la primera vez que invito a alguien a mi casa. La gente viene a mi puerta y yo los corro. Es la primera vez en mi vida que estoy invitando a alguien.

Jesús dijo:

—Una vez que me hayas invitado a tu corazón, entonces, me convertiré en tu huésped. Pero tengo un largo camino por recorrer, así que, por favor, déjame ir. Ya he disfrutado de tu hospitalidad.

Pero la prostituta respondió:

—Eso me lastima. ¿No te he mostrado suficiente amor para que entres en mi casa?

Jesús le dijo:

—Recuerda, yo soy la única persona que *puede* amarte. Todos los otros hombres que vienen a tu puerta no te aman. Soy la única persona que puede amarte. Los otros que vienen a tu puerta no te aman, porque no tiene amor. Ellos vienen por ti. Conmigo, el amor está en mi interior.

El amor es como la luz de una lámpara: si nadie estuviera aquí, aun así la luz continuaría cayendo en el vacío, y si alguien pasara, ésta caería en él. Pero la pasión y el deseo no son como la luz: cuando son provocados por alguien, esta energía se mueve hacia ellos. Por ello, la pasión es tensión. El amor no es tensión. No hay tensión en el amor; el amor es un estado de absoluta calma.

Las emociones impuras son aquellas que son influenciadas por lo externo. Los vientos que vienen del exterior impulsan las emociones impuras hacia tu interior. Y las emociones puras son las que vienen de tu interior; los vientos del exterior no las influencian. No pensamos en Mahavira o en Buda de esta manera, que ellos aman; pero déjame decirte que ellos son las únicas personas que aman. Sólo que hay una diferencia entre su amor y el tuyo. Tu amor surge en relación con alguien; su amor no es una relación, es un estado del ser. No es una relación; su amor no es una relación que tienen con alguien más, es su estado del ser. Están compelidos de amor, porque no tienen otra opción.

Se dice de Mahavira que la gente lo insultó, le lanzó piedras, le clavaron clavos en los oídos, y él perdonó todo. Yo digo que no es verdad: Mahavira no perdonó a nadie, porque sólo la gente que se enoja puede perdonar. Y Mahavira no sintió pena por ellos, porque sólo los que son crueles pueden sentir pena. Y Mahavira no creyó que tenía que portarse mal con estas personas, porque sólo la gente que se porta mal piensa de esa manera.

¿Qué hizo Mahavira? Mahavira estaba desamparado; no tenía nada más que dar, excepto, amor. Sin importar que se le hiciera, su única respuesta podía ser amor. Si lanzas una piedra a un árbol lleno de fruta, sólo obtendrás fruta como respuesta; no puede ser de otra manera. El árbol no está haciendo nada; ésta es su impotencia. Y si dejas caer cualquier balde en un río lleno de agua, sin importar si el balde está sucio o limpio, hecho de oro o de acero, el río no tiene otra opción que darte agua. No hay nada grandioso en el río; es incapaz de hacerlo de otra manera. Así que cuando el amor es un estado del ser, no hay ninguna otra opción: uno tiene que dar; no puede ser de otra manera.

Así que las emociones que vienen de tu interior, aquellas que no te jalan desde el exterior, aquellas que no pueden jalarse desde el exterior, son emociones puras. Y las olas de emoción que las tormentas exteriores crean en ti, son emociones impuras. Las emociones creadas por lo externo causarán inquietud y preocupación en tu interior, y aquellas que surgen de tu interior, te colmarán de alegría. Así que recuerda la primera cosa acerca de las emociones puras e impuras: la emoción pura es un estado del ser; la emoción impura es una distorsión del ser, no un estado.

La emoción impura es el resultado de la influencia externa en el ser; la emoción pura es una expansión interna del ser. Así que reflexiona en esto: ¿las emociones que te mueven vienen de tu interior o es la otra gente que las crea en ti?

Voy caminado por la calle y tú me insultas: si me enojo, es una emoción impura, porque eres tú quien la ha creado en mí. Estoy caminado en la calle, tú me muestras respeto y me siento complacido: ésta es una emoción impura, porque tú la has creado en mí. Pero si mi estado interior se mantiene de la misma manera en que estaba antes del insulto o de la alabanza, sin importar si me maldices o me elogias, ésta es una emoción pura, porque no la creaste tú en mí, me es propia. Y dado que me es propia, es pura. Como me es propia, es pura, y como viene del exterior, es impura. Lo que viene del exterior es una reacción, un eco.

Recientemente fui a un lugar donde puedes oír ecos. Si haces un sonido, las montañas lo repiten. He dicho que la mayoría de la gente sólo hace eco: si dices cualquier cosa, ellos la repetirán. No tienen nada propio qué decir; son como cámaras de eco. Si gritas, ellos gritan de vuelta, y eso no es suyo, tú lo has creado. Y lo que diste no era tuyo, alguien más lo creó en ti. Todos ustedes son cámaras de eco: no tienen ningún sonido que sea de ustedes, ninguna vida que sea de ustedes. No tienen ningún sentimiento que sea suyo. Todas su emociones son impuras, porque pertenecen a otros, son prestadas.

Así que recuerda la primera clave: la emoción debe ser propia. No debe ser una reacción; debe ser el estado de tu ser.

He dividido este estado del ser en cuatro partes. La primera es la amistad. La amistad es una cualidad que debe ser desarrollada. La amistad debe ser desarrollada, porque hay un principio de amistad dentro de ti, pero la vida da muy pocas oportunidades de desarrollarla. Permanece sin desarrollar; permanece como una semilla en la tierra de tu ser: no puede crecer.

La semilla de la enemistad está muy desarrollada. ¿Por qué? Hay razones naturales para esto… porque también se necesita.

Debe necesitarse, lo que no significa que debe ser una compañía de por vida. Hay momentos en los que se necesita, y también hay un momento en el que es necesario dejarla ir.

Cuando un niño nace, su primera experiencia no es una experiencia de amor. Lo que un niño experimenta cuando nace es miedo. Esto es natural. El pequeño niño estaba muy confortable en el seno de su madre, donde no tenía problemas, no se preocupaba sobre cómo ganarse la vida; sólo comía sin preocupaciones. Descansaba en un sueño muy feliz. Cuando sale de la matriz de su madre, la primera emoción del pequeño niño, débil desde cualquier punto, es miedo. Y si entra en un *shock* de pánico, no sentirá amor hacia la primera persona que vea; tendrá temor de esa persona. Y si tiene miedo de alguien, empezará a odiarlo.

Toma esto como un principio básico: el miedo nunca crea amor. Si alguien dice que no puede haber amor sin miedo, su declaración es completamente errónea. Si hay miedo, no hay posibilidad para el amor. Nunca puede haber amor con miedo. Aun si el amor se muestra superficialmente, no hay amor dentro.

La mayoría del amor que vemos en este mundo está basado en el miedo. Y el amor que se basa en el miedo es falso. Es por eso que hay amor en la superficie, pero el odio sale inadvertidamente desde el interior. También odias a la persona que amas. El amor está en la superficie y el odio está detrás, porque les temes a esas personas. Recuerda esto: una persona que intimida a otra se está perdiendo la oportunidad de recibir amor. Si el padre intimida a su hijo, no podrá recibir su amor. Si un esposo intimida a su esposa, no podrá recibir su amor. Él sólo tendrá la presunción del amor, pero no tendrá, amor, porque el amor crece sólo donde no hay temor; no crece en el miedo.

Tan pronto como un niño nace, experimenta miedo, y es entonces que el principio del odio es activado. La energía del principio del amor no es activado. La mayoría de la gente muere sin que este principio llegue a ser activado, porque la vida no les da esa oportunidad. Tú crees que amas a alguien: eso no es amor, es sólo lujuria. Hasta eso es sólo lujuria; hasta eso no es amor. El amor sólo puede crecer a través de la meditación.

Ésta es la razón por la que el principio del amor y de la amistad de tu interior tiene que ser desarrollado. Debe ser desarrollado a pesar de todos los instintos primitivos que no te dan oportunidad de desarrollarlo. La vida que diriges no le permite crecer; sólo el odio es desarrollado. Y lo que llamas amistad es sólo hipocresía y cortesía. Tu amistad es sólo un arreglo para escapar del odio, para evitarlo; pero no es amistad.

La amistad es una cosa completamente diferente. ¿Cómo puedes desarrollar ese principio? ¿Cómo los sentimientos de amistad comienzan a darse en tu interior? Constantemente debes crear un ambiente de amistad a tu alrededor. Un mensaje de amistad debe ser transmitido a todos quienes te rodean. Olas de amistad deben ser enviadas. Y, dentro de ti, tienes que darle energía, tienes que activar ese espacio de la amistad.

Cuando estas sentado en la orilla de un río, da amor al río. Estoy hablando de un río, porque dar amor a una persona podría ser un poco difícil. Dar amor a un árbol; estoy hablando de un árbol, porque puede ser complicado dar amor a una persona. Primero que nada, amar a la naturaleza. El chakra *anahat*, el centro del corazón, puede fluir más fácilmente hacia la naturaleza, porque la naturaleza no te está lastimando.

En la antigüedad, la gente era sorprendente: ¡enviaba mensajes de amor al mundo entero! Cuando el sol salía en la mañana, debían saludar con sus manos unidas diciendo: "¡Gloria a ti! En tu infinita compasión nos das luz y resplandor". Y esta devoción no era pagana; no venía de la ignorancia, tenía un significado; tenía un gran significado. Hubiera sido imposible para alguien que estaba pleno de amor por el sol, quien sólo con llamar al río su madre se llenaba de amor, quien llamaba a la tierra su madre y sólo por recordarlo se llenaba de amor, que abrigara aversión por la gente por mucho tiempo. Esto no es posible.

Hubo gente sorprendente, quien dio mensajes de amor a toda la naturaleza. Cultivaban la oración, el amor y la devoción en todos lados. Esto es necesario. Si quieres que brote la semilla del amor en tu interior, la primerísima cosa que debes hacer es mandar mensajes de amor a la naturaleza. Pero son gente muy extraña: la luna estará en el cielo toda la noche y tú te sentarás a jugar cartas, y estarás calculando cuánto puedes ganar o perder. La luna estará allá arriba y una hermosa oportunidad de amar se perderá por nada. La luna podría despertar ese centro de amor en tu interior. Si tú pudieras sentarte con la luna por unos encantadores momentos y transmitir un mensaje de amor, sus rayos podrían mover algo en tu interior, alguna esencia, y tú te llenarías de amor.

Hay oportunidades en todos lados... Hay oportunidades *en todos lados*. La existencia está llena de cosas asombrosas; dales amor. Donde quiera que tengas la oportunidad de dar amor, no la dejes pasar, úsala. Por ejemplo: estás andando por el camino y hay una piedra en él; hazla a un lado. Ésta es una oportunidad completamente libre de cargos, y transformará toda tu vida. ¡Este trabajo no es nada caro! ¿Qué podría ser más barato de lo que la meditación es? Estás caminando en el camino y ves una piedra; la recoges y la pones al lado del camino. ¿Quién sabe qué puede pasar y quién sabe quién podría ser lastimado por la piedra? La has levantado en un acto de amor. Te estoy diciendo esto, porque muy pequeñas cosas en la vida cultivan la semilla del amor en tu interior; muy pequeñas, muy pequeñas cosas.

Un niño está llorando en la calle y tú pasas por ahí, ¿no puedes detenerte unos segundos y limpiar las lágrimas de sus ojos?

Abraham Lincoln estaba en una reunión del Senado, cuando un cerdo se quedó atascado en una cuneta. Salió corriendo de la reunión diciendo:

—Detengan la discusión por un minuto; ahora vuelvo.

Era algo muy extraño. El Parlamento americano probablemente nunca había sido detenido por algo como esto. ¡Él corrió a liberar al cerdo! Sus ropas se cubrieron todas de lodo. Sacó al cerdo de la cuneta y, entonces, volvió. La gente le preguntó:

—¿Qué fue eso? ¿Por qué detuviste la reunión y corriste tan agitado?

Él respondió:

—Una vida estaba en peligro.

Éste fue un simple acto de amor, ¡pero muy sorprendente! Y estas pequeñas, pequeñas cosas... Y veo gente que filtra el agua antes de beberla para que ningún organismo muera, pero no hay amor en ellos. Filtrar el agua no tiene valor, es un hábito muy mecánico filtrar el agua antes de beberla. Y no comen de noche por el temor a que algunos organismos mueran, pero no hay amor en sus corazones, así que esto es sólo un sinsentido. No importa que filtren el agua antes de beberla o que no coman de noche o que no coman carne; nada de eso importa. Un *brahmin* o un Jaina no comerá carne, pero no crean que es porque están repletos de amor en su interior; sólo se trata de un hábito. Esto es su condicionamiento, pero él no tiene amor en su interior. Sí, si esto se desarrolla a través de tu amor, será una cosa extraordinaria.

La no violencia es la religión suprema sólo cuando ha sido desarrollada a través del amor. Si ha sido buscada leyendo escrituras o siguiendo alguna tradición, entonces no es religión. En la vida hay muchas pequeñas, pequeñas cosas, muy pequeñas cosas. Y tú las has olvidado...

Lo que te estoy diciendo es que si pones tu mano en el hombro de alguien, entonces, envíale todo el amor de tu corazón a través de tu mano. Deja toda tu energía vital, tu corazón completo reunido en tu mano, y entonces déjalo ir todo. Te sorprenderás, magia sucederá. Cuando miras en los ojos de alguien, que tu corazón entero fluya a través de tus ojos y te sorprenderás: tus ojos serán mágicos y moverán algo en el interior de la otra persona. No sólo tu amor se despertará, sino que te convertirás en un medio, la causa por la que el amor de alguien más despierta. Cuando un hombre ama correctamente, el amor se vuelve activo en el interior de miles de personas.

No pierdas ninguna oportunidad de despertar este centro de la amistad y del amor. Y para tomar esta oportunidad, recuerda esta clave: cada día, en el curso de sus veinticuatro horas, recuerda hacer una o dos cosas en las que no esperes nada a cambio. Trabajas veinticuatro horas al día y lo haces porque quieres algo de vuelta. Regularmente, todos los días, haz algo por lo que no esperes obtener nada en respuesta. Éstos serán actos de amor y ayudarán a que el amor nazca en tu interior. Si una persona sólo hace una cosa cada día sin esperar nada a cambio, obtendrá mucho de ella, porque esto activará y desarrollará el centro de amor de su interior.

Así que haz algo por lo cual no quieras nada en respuesta, nada. De esa manera, la amistad lentamente, lentamente, crecerá. Llegará el momento en que seas capaz de ser amigable con alguien que es un extraño. Entonces, habrá mayor crecimiento; y llegará el momento en que, incluso, seas capaz de ser amistoso con tu enemigo. Y entonces llegará el momento en que no discrimines entre quién es un amigo y quién es un enemigo.

Mahavira ha dicho: "Todos son mis amigos. No siento enemistad hacia nadie".

Éste no es un pensamiento, es un sentimiento. No es un pensamiento en la mente, sino un estado en el cual sientes que nadie es tu enemigo. Y ¿cuándo surge el estado de "nadie es mi enemigo"? Surge cuando *tú* ya no eres el enemigo de nadie. Es posible que Mahavira aún haya tenido algunos enemigos, pero Mahavira está diciendo que nadie es *su* enemigo. ¿Qué significa esto? Significa que *él* ya no es portador de la enemistad. Mahavira está diciendo que él ya no abriga enemigos. ¡Qué momento tan gozoso debe ser ése!

Cuando amas a una persona, surge mucha alegría; entonces, ¿puede haber un límite para la alegría de alguien que está dispuesto a amar a todo el mundo? Esto no cuesta nada, no pierdes nada y ganas mucho. Ésta es la razón por la que no digo que Mahavira y Buda son renunciados: en este mundo, ellos han sido quienes han disfrutado la vida mejor que nadie más. En este mundo, ellos son quienes más la han disfrutado. Tú puedes haber renunciado, pero no ellos. Ellos han abierto muchas puertas hacia la ilimitada, infinita, felicidad. Han bebido y saben de lo más supremo, de la mayor belleza, de lo divino en este mundo. ¿Y qué sabes *tú*? No sabes nada, excepto sobre el veneno. Ellos han probado el elixir.

Tienes que disciplinar tu vida para el momento supremo, cuando estés dispuesto a extender tu amor a todo el mundo y rayos de amor emanen desde tu corazón. Pero para que eso suceda, se necesitará disciplina. Asegúrate de que haces pequeños actos de amor cada día. Hazlo conscientemente. El día entero te da miles de oportunidades para que expreses tu amor. Pero tienes malos hábitos: pierdes todas las oportunidades de expresar tu amor, pero no pierdes una sola oportunidad para expresar tu odio. Entre más oportunidades pierdas de expresar tu odio, mejor; y entre más oportunidades tomes para expresar tu amor, mejor. Deja que las oportunidades de odio pasen. De vez en cuando, deja que pasen sin que las uses. Y, de vez en cuando, usa las oportunidades para amar conscientemente. Esto acelerará el proceso de tu meditación extraordinariamente.

Así que la primera clave era la amistad y la segunda es la compasión. La compasión es también una forma de amistad, pero las estoy mencionando por separado, porque ésta también contiene algunos otros elementos. A lo que me refiero con "otros elementos" es que si tú miras a la gente que te rodea, sentirás compasión de ella. Ahora mismo, mucha gente está sentada aquí; uno nunca sabe, por la mañana, uno de nosotros podría haber muerto. Alguna tarde, todos moriremos de todos modos; un día todos nos habremos ido. Y si me doy cuenta de que entre toda la gente que está sentada frente a mí, podría ya no ver una de sus caras de nuevo, ¿no se llenará mi corazón de compasión por ello?

Acabo de visitar un jardín y las flores que abrieron estarán marchitas por la noche. Su vida es muy corta: florecen por la mañana y por la noche se han ido. Cuando recuerdas el hecho de que esas flores que están sonriendo ahora se marchitarán y caerán mezclándose con el polvo por la noche, ¿no te llenas de compasión por ellas? La idea de que alguna de las estrellas del cielo nocturno explotará y caerá, ¿no te llena de compasión por las estrellas? Si hubiera un entendimiento profundo, mientras vemos todo lo que nos rodea, sentiríamos compasión hacia todo, sentiríamos muchas simpatía hacia todo. Nuestro encuentro es tan corto, esta vida es tan difícil, esta oportunidad es tan rara; muchas pasiones, muchos deseos, mucho dolor dentro de cada persona… Y, de alguna manera, aún estamos viviendo, y amando, y creando trabajos artísticos… ¿Cuánta compasión no puede esto crear?

Un hombre escupió a Buda alguna vez. El hombre estaba tan enojado, que le escupió. Buda se limpió el escupitajo y le dijo al hombre:

—¿Quieres decir algo más?

Ananda, un discípulo que estaba sentado con Buda, dijo:

—¿De qué estamos hablando? ¿Él ha dicho algo? Sólo ordénamelo y me ocuparé de él. Esto es el límite, ¡que te haya escupido!

Pero Buda dijo:

—Él está tratando de decir algo y no tenía palabras para ello. Él está tratando de decir algo y sus palabras no tienen poder, y su impulso interior es intenso. Él no podía decirlo, así que tuvo que decirlo a través de acciones.

Yo llamo a esto compasión, que Buda sintiera simpatía por el hombre, porque sus palabras no tenían poder. El hombre estaba tratando de decir algo, estaba tratando de expresar algo y estaba muy enojado. No podía encontrar las palabras, así que lo expresó escupiendo. Cuando alguien viene a mí con amor y toma mis manos, siento mucha compasión: él está tratando de decir algo, pero el lenguaje es inadecuado. Esa persona está tratando de decir algo al tomar mis manos. Cuando una persona esta abrazando a otra, el lenguaje es inadecuado. El hombre es tan incapaz, y él está tratando de decir algo, así que lleva su corazón cerca del corazón del otro, porque no puede encontrar otra forma.

Ayer, mientras dejaba que algunas personas comenzaran a tocar mis pies, sentía mucha compasión. ¡Qué indefenso es el hombre! Está tratando de decir algo y no es capaz de hacerlo, así que toca los pies del otro. Uno de mis cercanos amigos estaba caminando detrás de mí; él es muy racional y dijo: "¡No, no! ¡No hagan eso!". Él también estaba en lo correcto. Es muy triste lo que ha pasado en este mundo. Aquellos que están tocando los pies de alguien más son auténticos, pero ahora hay gente que quiere que tú toques sus pies. De hecho, lo que él dijo es correcto: "¡No, no! No hagan eso!".

Encontré que lo que él dijo es ambas cosas: buena y mala. Él estaba en bien cuando dijo que es incorrecto para cualquiera en este mundo que permita que alguien más toque sus pies, pero también sería un mal mundo si ya no hubiera gente cuyos pies quisiéramos tocar. Y también sería un mal mundo si no hubiera más corazones que pudieran inclinarse a los pies de alguien. Un mundo que no rebosara sentimientos que puedan ser expresados sólo por tocar los pies de alguien sería un mundo triste.

¿Entiendes lo que estoy diciendo? También sería un mundo triste si no rebosaran sentimientos que sólo pudieran expresarse tocando los pies de alguien. El hombre estaría muy seco, sin sentido. Y me siento muy sorprendido cuando veo que alguien se inclina y toca mis pies; puedo ver que él no está tocando mis pies, él está viendo algo en mis pies: él está tocando los pies de la divinidad. Yo le estoy recordando ello. Y hasta ahora, cuando alguien se ha inclinado a los pies de alguien… aunque si ha sido forzado es otra cosa; pero cuando él se ha inclinado, realmente se ha inclinado a los pies de lo divino. Después de todo, ¿qué tiene alguien en sus pies que sea digno de que otro se incline? Pero hay sentimientos internos que no pueden ser expresados de otra manera.

Ayer alguien que me ama estaba en mi cuarto, conmigo. En la noche, cuando iba a bañarme, encendí la luz y él dijo.

—Ahora que hay luz, déjame tocar tus pies.

¡Estaba realmente sorprendido! Y él tocó mis pies y vi lágrimas en sus ojos. No hay nada más hermoso en el mundo que esas lágrimas. En este mundo, ninguna poesía, ninguna canción es más hermosa que esas lágrimas, lágrimas que vienen de un momento de amor. Y si tú entiendes, si tú recuerdas, si tú puedes ver, ¿cómo no puedes estar lleno de compasión?

Pero, ¿qué ves? Ves cosas en las personas que no hacen que surja la compasión en ti, sino que te llevan a criticar. Estás viendo en la gente lo que provoca tu crueldad en vez de tu compasión. Estás buscando lo que no es auténtico en las personas, lo que no está en su corazón, sino lo que las hace indefensas.

Un hombre me maldice; ¿es esto su corazón? No, esto debe ser su desamparo. Hay un corazón dentro de lo peor de los hombres, y si eres capaz de verlo, te llenarás con compasión, te llenarás de una gran compasión.

Buda dijo aquella mañana: "Siento compasión, mucha compasión. El lenguaje es tan inadecuado, Ananda. El corazón de ese hombre está tratando de decir tanto y no lo puede controlar".

Él simplemente le preguntó al hombre: "¿Te gustaría decir algo más?".

¿Qué más podría haber dicho el hombre? Ahora era difícil decir algo. El hombre se fue. Por la noche, él se arrepintió mucho, así que al siguiente día fue con Buda para disculparse. Cayó ante los pies de Buda y comenzó a llorar. Buda dijo:

—Ananda, ¿ves cuán inadecuado es el lenguaje? Ahora, otra vez, él quiere decir algo y no es capaz de hacerlo. Ayer, él estaba tratando de decir algo y no fue capaz, y se comportó de cierta manera, y ahora de nuevo se está comportando de cierta manera. Ananda, el lenguaje es muy inadecuado y el hombre merece una gran compasión.

La vida es corta, sólo unos cuantos días. Estoy diciendo esto al tiempo que pienso que dura sólo unos cuantos días, pero, en realidad, ni siquiera los pocos siguientes momentos son una certeza. Y en estos pocos momentos de vida, no aprendemos la compasión por el otro, no hemos sido humanos; no hemos conocido la vida, no la hemos reconocido.

Así que esparce de compasión todo a tu alrededor. Mira alrededor tuyo: la gente es muy infeliz, no te adhieras a su infelicidad. Tu compasión disminuirá su infelicidad; sólo una palabra compasiva disminuirá su infelicidad. No te unas a su infelicidad. Te estás adhiriendo a la infelicidad de cada uno; le estás ayudando a todos los demás a ser más infelices. Cada hombre tiene mucha gente detrás haciéndolo infeliz. Si hay un entendimiento compasivo, entonces cambiarás todas las formas en que le causas infelicidad a los otros. Y si puedes traer felicidad a la vida de alguien más, encontrarás la forma de hacerlo.

Recuerda una cosa: aquel que le trae infelicidad a los otros llega él mismo a ser infeliz, y aquel que le trae felicidad a los otros, al final alcanza la cima de la felicidad. Es por eso que estoy diciendo que quienes tratan de dar felicidad desarrollan el centro de la felicidad en su interior y quienes tratan de traer infelicidad a los otros desarrollan el centro de la infelicidad en su interior.

El fruto no viene del exterior, el fruto es creado en tu interior.
Lo que sea que hagas, desarrolla una receptividad de ello en tu
interior. Alguien que quiere amar, debe dar su amor. Alguien que
quiere felicidad, debe comenzar compartiendo su felicidad. Alguien que quiere flores para alegrar su casa debe llevar flores a los
hogares de los demás. No hay otra manera. Así que la compasión
es una emoción que cada persona tiene que desarrollar para entrar en meditación.

La tercera clave es la alegría, la felicidad, el deleite, el sentido
de la dicha y la carencia de angustia. Tú estás todo tan lleno de
angustia. Estás triste y cansado; eres alguien golpeado, arrastrán-
dote en el camino de la derrota hacia un final amargo. Caminas
como si ya hubieras muerto. No hay energía, no hay vida en tu
andar; no hay vida en tu día a día. Estás letárgico, triste, roto,
derrotado. Esto está mal, porque, sin importar lo corta que sea
la vida, sin importar la certeza de la muerte, alguien con, incluso,
una pequeña comprensión no estará triste.

Sócrates estaba muriendo. Había recibido el veneno, ¡y se estaba
riendo! Uno de sus discípulos, Creto, le espetó:

—Tú te estás riendo y nuestros ojos están llenos de lágrimas. La muerte está muy cercana; es tiempo de tristeza.

Sócrates dijo:

—¿Dónde está la tristeza? Si muero y muero completamente, ¿dónde está la tristeza? No habrá nadie que se quede a experimentar la tristeza. Y si muero, y aun así permanezco, ¿dónde
está la necesidad de tristeza? Lo que se perderá no seré yo; yo soy
lo que permanece —y continuó—: Estoy feliz. La muerte sólo
puede hacer dos cosas: puede destruirme completamente, y si
me destruye completamente, seré feliz porque no estaré ahí para
experimentar la tristeza; y si parte de mí permanece, estaré feliz,

porque la parte que no soy yo ha sido destruida. Aun así permaneceré. La muerte sólo puede hacer dos cosas, ésa es la razón por la que me estoy riendo —y terminó diciendo—: Soy feliz porque, ¿qué puede quitarme la muerte? Puede aniquilarme por completo... pero, entonces, ¿qué me puede quitar? Porque aquel al que le ha quitado ya no estará tampoco aquí. Y si permanezco, todo permanece. Si yo permanezco, entonces, todo permanece, porque lo que ha sido tomado no soy yo. Es por esto que digo que estoy feliz.

Él está feliz aunque está encarando la muerte, y aquí estás tú, infeliz aunque estás vivo. Estás vivo y aun así eres infeliz; aún más, ha habido gente que fue feliz incluso encarando la muerte.

Mansoor fue torturado hasta morir. Sus piernas fueron cortadas, sus brazos fueron cortados, aguijonearon sus ojos. Nadie en la historia ha sido torturado más brutalmente. Cristo fue acomodado para que muriera pronto, Gandhi fue asesinado rápidamente con una bala, Sócrates fue envenenado; pero Mansoor es la única persona que ha tenido la muerte más dolorosa de la historia. Primero, cortaron sus piernas, y cuando la sangre comenzaba a salir a chorros de sus piernas, la tomó y la puso en sus manos.

Una gran multitud se había congregado alrededor de él, le lanzaban piedras. Alguien le preguntó:

—¿Qué estás haciendo?

Y él contestó:

—Estoy ejecutando el *vaju*, lavando mis manos antes de orar.

Los mahometanos lavan sus manos antes de orar. Él lavó sus manos con su sangre y dijo: "Estoy ejecutando el *vaju*". Entonces dijo, recuerda estas palabras de Mansoor:

—El *vaju* del amor, el real *vaju* del amor, se hace con sangre, no con agua. Y sólo quienes ejecutan el *vaju* con si propia sangre pueden entrar en oración.

La gente no supo qué hacer. Pensaron que estaba loco. Primero le cortaron sus piernas, luego le cortaron sus brazos, entonces le sacaron los ojos. Miles de personas se habían reunido:

141

le aventaban piedras y, una a una, las partes de su cuerpo fueron cortadas. Y cuando perforaron sus ojos, él gritó:

—¡Oh, Dios, recuerda que Mansoor ha ganado!

Y la gente preguntó:

—¿Qué quieres decir? ¿Qué has ganado?

Y él respondió:

—Le estoy pidiendo a Dios que recuerde que Mansoor ha ganado. Tenía miedo de que, en medio de tanta animosidad y odio, quizá el amor no sobreviviría. Dios, recuerda que Mansoor ha ganado: mi amor es interminable. Lo que sea que esta gente me esté haciendo, no han tenido éxito en destruir mi amor. No han sido capaces de hacer lo que están tratando de hacer. Este amor es eterno —y terminó—: Ésta es mi oración, ésta es mi devoción.

¡Aun entonces, él estaba riéndose! Aun entonces, estaba ebrio con la divinidad.

La gente ha encarado la muerte riendo y feliz, pero ustedes se sientan con caras largas, tristes y miserables, incluso, cuando encaran la vida. Éste es un camino erróneo. Una persona que está llena de enemistad no puede ir en un viaje espiritual. La alegría es necesaria para un viaje espiritual; para un viaje espiritual, necesitas un espíritu lleno de dicha.

Así que sé alegre todo el tiempo. Éstos son sólo hábitos: la tristeza es sólo un hábito al que te has hecho. La alegría también es un hábito al que te puedes hacer. Para mantener la alegría, tienes que observar los aspectos de la vida que están llenos de luz, no de oscuridad. Si te digo que tengo amigos que cantan esplendorosamente o tocan la flauta esplendorosamente, dirás: "Quizá; pero, ¿cómo puede este hombre tocar la flauta cuando lo hemos visto bebiendo en el pub?". Si te digo que estos amigos tocan la flauta esplendorosamente, me dirás: "¿Cómo puede ser eso cuando lo hemos visto bebiendo alcohol en el pub?". Esto es darle sustento a la oscuridad. Si te digo: "Éste es mi amigo; él bebe alcohol", y tú me dices: "Quizá, pero ¡él también toca la flauta esplendorosamente!", esto es mirar el lado luminoso de la vida. Alguien que quiere ser feliz mirará en el lado brillante. Alguien que quiere ser feliz verá que hay una noche entre dos días y alguien que quiere sentirse miserable verá que hay un día entre dos noches.

La manera en que miramos la vida tiene un efecto directo en lo que se desarrolla dentro de nosotros. Así que no mires el lado oscuro de la vida, mira el lado luminoso de la vida.

Cuando era pequeño, mi padre era pobre. Con gran dificultad construyó por él mismo una casa. Era pobre y también ignorante; nunca había construido una casa antes. Él se las arregló para construir esta casa con gran dificultad. Él debió hacerla sin saber cómo hacerlo, porque, cuando estaba terminada, antes de que nos pudiéramos mudar a ella, llovió y la casa colapsó. Yo estaba pequeño y estaba muy triste. Mi padre no estaba en el pueblo, así que le envié un mensaje diciéndole que la casa había colapsado y todas las esperanzas que teníamos de mudarnos a ella se habían tornado en polvo.

Cuando él volvió, ¡repartió dulces a la gente del pueblo!, y dijo: "Estoy muy agradecido con Dios. Si la casa hubiera colapsado ocho días después, ningún hijo mío estaría vivo". Se suponía que nos mudaríamos a la casa ocho días después. Después de eso, durante toda su vida fue feliz con el hecho de que aquella casa hubiera colapsado ocho días antes. Si hubiera colapsado ocho días después, hubiera sido una tragedia.

La vida puede ser mirada de esta forma también; mucha alegría y dicha llegan a la vida de alguien que la mira de esta manera. Todo depende de cómo miras la vida. La vida no tiene significado por sí misma; todo depende de cómo la mires tú. Tu actitud, la manera en que la miras, tu comprensión es lo que la construye o la destruye.

143

Pregúntate en qué te enfocas. ¿Te has cruzado con una persona tan malvada que no posea ni siquiera una cualidad santa? Si puedes encontrar aunque sea una cualidad, entonces, enfócate en ella: ésa es la verdadera esencia del hombre. En la vida mira el resplandor y la luz en todos lados, porque a través de esto, el resplandor y la luz nacerán en tu interior. Éste es el júbilo.

El tercer sentimiento es llegar a colmarse de júbilo. Llegas a estar tan lleno de júbilo, que éste niega la muerte y la miseria. Te conviertes en alguien tan dichoso, que la muerte y la miseria se consumen y mueren; tú ni siquiera te darás cuenta de que la muerte y la miseria existen.

Una persona que cultiva la alegría y la dicha en su interior, hará progresos en su meditación. Esto es muy, muy, importante para el progreso de la meditación.

Hubo una vez un santo que era tan feliz con la vida, que la gente se desconcertaba, porque nunca lo habían visto triste o con pena. Cuando llegó su tiempo de morir, dijo:

—Ahora, en tres días, me habré ido. Y les estoy dejando saber esto para que recuerden no llorar en la tumba de alguien que ha reído durante toda su vida. Les estoy dejando saber esto para que la tristeza no llegue a esta choza. Siempre ha habido dicha aquí; siempre ha habido alegría aquí. Así que hagan de mi muerte una celebración; no hagan de ella una razón de duelo. No duelan mi muerte, hagan de ella una celebración.

Pero la gente se puso triste, se puso muy triste. Él era un hombre asombroso, y así como era tan extraordinario, así de profunda era la pena de la gente. Había mucha gente que lo amaba. Por tres días se congregaron a su alrededor, y hasta que murió les estuvo contando bromas, los estuvo haciendo reír y estuvo platicando con ellos con amor. Entonces, la mañana anterior a que muriera, cantó una canción y, antes de terminar la canción, dijo:

—Recuerden, no tomen mis ropas. Pongan mi cuerpo con todas estas ropas en la pira funeraria. ¡Y no me den un baño!

Ésas fueron sus últimas instrucciones y, luego, murió. Él fue quemado en la pira funeraria con todas sus ropas. Y mientras ardía en la pira y la gente permanecía alrededor sintiéndose triste, de repente hubo un sobresalto. Él había escondido fuegos pirotécnicos y cohetes entre sus ropas, y cuando fue puesto en la pira funeraria, los cohetes y los fuegos pirotécnicos comenzaron a volar hacia el cielo. ¡Su funeral se convirtió en una celebración! La gente comenzó a reírse y dijo:

—Nos hizo reír en su vida, y también nos ha hecho reír en su muerte.

La vida tiene que ser transformada en risas. La vida tiene que ser hecha de júbilo e, incluso, en la muerte, tiene que haber júbilo. Y la persona que tiene éxito en esto será bendecida y colmada con gratitud. Una persona que entra en meditación en este espacio se moverá lo más rápido que uno pueda imaginar, será como una flecha.

Quien entre en meditación con una mente agobiada, que haya amarrado piedras a la flecha, ¿qué tan lejos dejará que llegue la flecha? Lo lejos que quieras llegar, lo despreocupada e iluminada que tu mente necesita estar. Lo más lejos que quieras que vaya la flecha, lo más iluminada que la flecha debe estar. Y lo más alto que quieras escalar, el mayor equipaje que deberás dejar abajo. Y el más grande agobio es tu miseria, tu tristeza, tu enemistad. No hay más grande agobio que ése.

¿Has observado a las personas? Caminan como si estuvieran siendo aplastadas; se pensaría que están llevando una pesada carga en sus cabezas. ¡Tira esa carga y dile sí al júbilo! ¡Da un gruñido de león con júbilo! Deja que el mundo sepa que no importa qué tipo de vida tengas, se puede vivir en una canción, se puede colmar con júbilo. La vida puede convertirse en música. Recuerda la tercera cosa: el júbilo.

Y la cuarta cosa es la gratitud: la gratitud es divina. En este siglo, si algo se ha perdido, es la gratitud.

¿Sabes que cuando estás respirando, no eres tú quien está respirando? Porque en el momento en que el aliento no entre, no serás capaz de tomarlo. ¿Estás seguro de que fuiste tú quien nació? No, no fuiste tú. Tú no jugaste ningún rol consciente en tu nacimiento, no fue tu decisión. ¿Estás consciente de cuán extraordinario es el pequeño cuerpo que has recibido? Es un gran milagro en la tierra. Comes un poco de comida y ese pequeño estómago tuyo la digiere; éste es un gran milagro.

La ciencia ha avanzado mucho, pero si fuéramos a abrir grandes fábricas y a contratar a miles de especialistas, aun así, sería difícil digerir un solo chapati y transformarlo en sangre, y este cuerpo tuyo está ejecutando milagros veinticuatro horas al día; este pequeño cuerpo: unos cuantos huesos, un poco de carne. Los científicos dicen que el cuerpo está hecho de materiales que costarían cuatro o, a lo máximo, cinco rupias. No está hecho de materiales costosos. Tal milagro está contigo veinticuatro horas al día ¡y no lo agradeces!

¿Has amado tu cuerpo? ¿Has besado tus manos? ¿Has amado tus ojos? ¿Te has dado cuenta de cuántas extraordinarias cosas están tomando lugar? Es muy inusual encontrar entre ustedes quien haya amado sus ojos y quien haya besado sus manos, quien haya experimentado gratitud por esta extraordinaria cosa que está pasando sin su conocimiento y aun sin su participación.

Así que primero que nada, sé agradecido con tu cuerpo. Sólo quien es agradecido con su cuerpo puede ser agradecido con los cuerpos de las otras personas. Primero que nada llena con amor tu cuerpo, porque sólo quien está colmado de amor para su propio cuerpo es capaz de amar los cuerpos de las otras personas.

La gente que te ha enseñado a estar contra tu cuerpo no es religiosa. La gente que te está diciendo que tu cuerpo es tu enemigo, que es el mal, que es esto y aquello, no es religiosa. El cuerpo es un gran milagro. El cuerpo es sorprendentemente útil; sé agradecido con él.

¿Qué es este cuerpo? Este cuerpo está hecho de cinco elementos; sé agradecido con el cuerpo, sé agradecido con estos cinco elementos.

¿Qué pasará contigo si un día el sol muere? Los científicos dicen que en cuatro millones de años el sol morirá: ha dado suficiente luz, se ha vaciado, y un día vendrá en que muera. Justo ahora tenemos la impresión de que el sol saldrá todos los días. Pero vendrá el día en que la gente se irá a la cama pensando que el sol saldrá mañana y el sol no saldrá. Y entonces, ¿qué pasará? No sólo morirá el sol, la vida misma morirá, porque la vida está sustentada por él, porque todo el calor y la energía están sustentados por él.

Te sientas a la orilla del mar: ¿has pensado que setenta por ciento de tu cuerpo está constituido por agua de mar? El hombre nació en la tierra, pero los microorganismos existieron primero en el océano. Y te sorprenderá saber que, aun ahora, la proporción de sal en el agua de tu cuerpo es la misma que la que hay en el océano. Y cuando esta proporción en tu cuerpo es ligeramente alterada, te enfermas.

Sentado a la orilla del océano, ¿te acuerdas de que tú también tienes algo del océano en tu interior? Debes ser agradecido con el océano, el cual está en tu interior; y debes ser agradecido con la luz del sol, la cual está en tu interior; y debes ser agradecido con el viento, el cual mueve tu respiración. Debes ser agradecido con el cielo y la tierra que te hicieron. Esto es lo que yo llamo gratitud, gratitud divina.

No puedes llegar a ser religioso sin esta gratitud. ¿Cómo un hombre desagradecido puede llegar a ser religioso? Una vez que comiences a experimentar esta gratitud constantemente, te sorprenderás: esta gratitud te llenará de mucha paz, de mucho misterio. Y entonces, entenderás una cosa: que no eres un ser digno al dar todas estas cosas, sino que al tener todas estas cosas, serás colmado de agradecimiento. Serás colmado con gratitud, porque lo que has recibido te dará un sentimiento de plenitud.

Expresa tu gratitud. Encuentra formas de desarrollar tu agradecimiento y tu meditación se hará más profunda a través de ello. Y no sólo tu meditación, sino que toda tu vida cambiará extraordinariamente. Tu vida llegará a ser muy diferente, llegará a ser algo completamente nuevo.

Jesús fue crucificado y, cuando estaba muriendo, dijo: "Padre, perdónalos. Por favor, perdónalos, porque, primero, ellos no saben lo que están haciendo —ésa fue su compasión— y, segundo, había una distancia entre tú y yo, y ahora el hueco se ha cerrado. Ellos me han ayudado a disminuir la distancia que había entre nosotros. Por ello, estoy agradecido con ellos".

Así que cuando te relaciones con alguien en tu vida, constantemente recuerda tu gratitud. Encontrarás que tu vida llegará a estar colmada de maravillas.

Te he dicho las cuatro cosas que son necesarias para la purificación de las emociones: amistad, compasión, alegría y gratitud. Hay muchas otras cosas, pero estas cuatro son suficientes. Si meditas sobre ellas, automáticamente las demás seguirán por sí mismas. Así es como las emociones llegan a ser puras.

Te he dicho cómo el cuerpo puede ser purificado, cómo tus pensamientos pueden ser purificados y cómo tus emociones pueden ser purificadas. Aun si sólo puedes controlar estas tres, entrarás en un nuevo y sorprendente mundo. Aun si sólo controlas estas tres, será mucho lo que pase.

Hablaré acerca de los tres principios esenciales más tarde. Discutiré el vacío del cuerpo, el vacío de la mente y el vacío de las emociones. He hablado acerca de la purificación; más tarde estaré hablando acerca del vacío. Y cuando la purificación y el vacío se encuentran, *samadhi*, la iluminación, sucede.

Ahora nos sentaremos para la meditación de la mañana con lo que ya te he explicado. Comenzaremos por hacer las resoluciones cinco veces. Entonces, por un rato iremos al estado del sentimiento. Luego observaremos el aire que entra y el aire que sale, manteniendo la espalda recta, los ojos cerrados, observando con conciencia el área cerca de la nariz, donde el aire entra y sale.

Todos dispérsense, de manera que ninguno esté tocando al otro.

Capítulo 6

Cuerpo y alma: ciencia y religión

Mis muy amados:

Hay algunas preguntas; de hecho, hay muchas preguntas. Trataré de dar una respuesta combinada a todas ellas. Las he dividido en categorías.

La primera pregunta es:
¿cuál es el lugar de la religión en la era de la ciencia?
Y, ¿cuál es el uso de la religión en la vida
nacional y social?

La ciencia es la forma de conocimiento que mira en el interior el poder oculto en la materia. La religión es la forma de conocimiento que mira en el interior el poder oculto en la conciencia. No hay conflicto entre la religión y la ciencia; de hecho, son complementarias.

En una era que es sólo científica, habrá mayor comodidad, pero no habrá mayor felicidad. En una era que es sólo religiosa, algunas personas conocerán la felicidad, pero no la mayoría, las personas sufrirán incomodidades. La ciencia provee las comodidades; la religión trae paz. Si no hay comodidades, muy poca gente podrá conocer la paz. Si no hay paz, entonces, mucha gente podrá adquirir comodidades, pero no sabrá cómo disfrutarlas.

Hasta ahora, todas las civilizaciones a las que el hombre ha dado a luz han estado incompletas, fragmentadas. La cultura a la que Oriente dio a luz depende enteramente de la religión. No

153

está interesada en la ciencia. Como consecuencia, el Oriente fue derrotado; empobreció y se arruinó. La cultura que Occidente dio a luz está en el otro extremo: se basa en la ciencia y no tiene nada que ver con la religión. Como resultado, Occidente ha triunfado y ha acumulado salud, prosperidad y comodidades; pero ha perdido su alma.

La cultura que surgirá en el futuro, si es verdaderamente para la evolución del género humano, será un balance entre la ciencia y la religión. Esta cultura será una síntesis de la religión y la ciencia. No será sólo religiosa o sólo científica, será una y otra científicamente religiosa o religiosamente científica.

Hasta ahora, ambos experimentos han fallado. El experimento de Oriente ha fallado y el experimento de Occidente también ha fallado. Pero ahora tenemos la oportunidad de crear un experimento universal que no sea de Oriente ni de Occidente, en el cual ambas, religión y ciencia, se combinen.

Así que te digo que no hay conflicto entre religión y ciencia, de la misma manera en que no hay conflicto entre el cuerpo y el alma. Cualquiera que vive sólo en el nivel del cuerpo perderá su alma, y cualquiera que trata de vivir sólo en la dimensión espiritual no será capaz de vivir correctamente, porque perderá contacto con su cuerpo.

Exactamente como la vida humana es un balance, una síntesis de cuerpo y alma, de la misma manera una cultura completa sería también un balance, una síntesis entre ciencia y religión. La ciencia sería su cuerpo, la religión su alma.

Pero si alguien fuera a pedirme que escogiéramos entre religión y ciencia, ¿qué deberíamos escoger? Entonces diría que debemos estar listos para escoger la religión. Si alguien me pidiera escoger entre ciencia y religión, porque una de ellas se tiene que ir, diría: "Estate listo para escoger la religión". Sería mejor ser pobre y vivir incómodamente, que perder el alma de hombre.

¿Cuál es el valor de las comodidades que nos cuestan el ser? Y, ¿cuál es el valor de la riqueza que nos priva de nuestro ser absoluto? En realidad, no hay ninguna de las dos, ni comodidades ni riqueza.

Te contaré una pequeña historia; siempre ha sido una de mis favoritas.

He oído que, una vez, un rey de Grecia cayó enfermo. Estaba tan enfermo que los médicos dijeron que no viviría, que no había esperanza. Así que sus ministros y la gente que lo amaba llegó muy preocupada y ansiosa. Justo entonces, un faquir entró a la aldea, y alguien dijo:

—La gente dice que si se llama al faquir y él da su bendición, la gente se cura.

Fueron por el faquir, quien accedió a venir. En el momento en que entró, le dijo al rey:

—¿Están locos? ¿Esto es lo que llaman una enfermedad? Esto no es una enfermedad. Hay un tratamiento muy simple para esto.

El rey, que había permanecido en cama por meses, se sentó y dijo:

—¿Qué tratamiento? Pensé que había llegado mi final. No tengo ninguna esperanza de mejorar.

El faquir dijo:

—Es un tratamiento muy sencillo. Traigan el abrigo de un hombre de la aldea que sea dos cosas: próspero y apacible, y el rey debe ponérselo. Él se pondrá saludable y bien.

Los ministros corrieron… Había mucha gente próspera en la aldea. Fueron de casa en casa diciendo:

—Queremos el abrigo de un hombre que sea dos cosas: próspero y apacible.

Y la gente próspera dijo:

—Pero somos infelices… ¡Un abrigo! Podemos dar nuestras vidas, qué decir de un abrigo. Si el rey será salvado, estamos preparados para todo. Pero nuestros abrigos no sirven, porque somos prósperos, pero no somos apacibles.

Ellos visitaron a todos y a cada uno de los hombres de la aldea. Buscaron todo el día y, por la noche, habían perdido toda esperanza. Se dieron cuenta de que iba a ser difícil salvar al rey; estaba fuera de su alcance. En la mañana habían pensado: "La cura será muy fácil de encontrar", pero por la noche se dieron cuenta: "La cura es muy difícil, de hecho, imposible de encontrar". Habían estado con toda la gente rica.

Por la noche regresaron cansados y tristes. El sol se había metido. En las afueras de la aldea, cerca del río y sentado junto a una roca, alguien estaba tocando la flauta. Su sonido era muy armónico y olas de dicha salían de él, por lo que uno de los ministros dijo:

—Vamos a preguntarle a esta última persona… quizá él sea apacible.

Fueron con él y le dijeron:

—El sonido de tu flauta, tu canción, suena tan llena de dicha y paz que quisiéramos pedirte algo. El rey está enfermo y necesitamos el abrigo de un hombre que sea dos cosas: apacible y próspero.

El hombre dijo:

—Estoy dispuesto a dar mi vida, pero miren bien… No tengo un abrigo.

Ellos miraron bien, estaba oscuro, el hombre que estaba tocando la flauta estaba desnudo.

Así que el rey no podía ser salvado, porque el hombre que era apacible no era próspero y quienes eran prósperos no tenían paz.

De la misma forma, este mundo no puede ser salvado porque las culturas que han heredado la paz no tienen prosperidad, y las culturas que son prósperas ni siquiera piensan en la paz. El rey murió.

El género humano también morirá. El tratamiento que el género humano necesita es el mismo que el rey necesitaba. Necesitamos el abrigo y también necesitamos paz. Hasta ahora, nuestra ideología ha sido incompleta. Hasta ahora hemos pensado en el hombre de una manera muy incompleta y habitualmente nos movemos hacia los extremos. La más grande enfermedad de la mente humana es la tendencia a ir a los extremos.

Confucio se encontraba en una villa, cuando alguien le dijo:

—Hay un hombre erudito y reflexivo, ¿te gustaría conocerlo?

Confucio dijo:

—Primero déjenme preguntarles por qué dicen que es muy reflexivo, y entonces, definitivamente iré a encontrarme con él.

La gente dijo:

—Él es reflexivo, porque, antes de hacer cualquier cosa, la piensa tres veces, ¡tres veces!

Confucio dijo:

—Este hombre no es reflexivo; tres veces es demasiado. Una vez es demasiado poco; dos veces es suficiente. Un hombre inteligente se detiene a la mitad; un hombre ignorante se va a los extremos.

El primer nivel de la ignorancia es cuando una persona piensa d
sí mismo que es sólo cuerpo. El segundo nivel de la ignoranci
y en el mismo grado, es cuando una persona piensa de sí mism
que es sólo alma. La individualidad del hombre es una síntesis: l
cultura del hombre también será siempre una síntesis.

Y es tiempo de que aprendamos nuestra lección. La históri
ca pobreza y derrota de la India, y el estado de opresión de todo
los países de Oriente no suceden sin una razón, y la razón e
la religiosidad extrema. Y el hecho de que países de Occident
lleguen a ser pobres desde su interior tampoco sucede sin un
razón: la razón es su cientifismo extremo. El futuro sería her
moso si la ciencia y la religión se integraran. Esto es mucho mu
claro: en la integración de la religión y la ciencia, la religión ser
el centro y la ciencia, la circunferencia. Es claro que con la inte
gración de la ciencia y la religión, la religión necesariamente ser
la inteligencia y la ciencia, su discípula. El cuerpo no puede se
el maestro; la ciencia tampoco puede ser el maestro. La religió
será el maestro. Y entonces, seremos capaces de crear un mund
mejor.

Así que no pregunten acerca del uso de la religión en la er
científica. La religión tiene un uso genuino en la era científic
porque la ciencia es un extremo, y es un extremo peligroso. L
religión le dará un equilibrio, y será capaz de salvar al hombre de
peligro de aquel extremo.

Ésta es la razón por la que la resurrección de la religió
alrededor de todo el mundo está al alcance de la mano. Es mu
natural, y es absolutamente cierto. Es necesario que haya una re
surrección de la religión; de otra manera, la ciencia sólo nos llevar
a la muerte. Así que es un sinsentido preguntar si necesitamos l
religión en la era científica: la religión es lo que más se necesit
en la era científica.

En relación con esto, también se ha preguntado de qué sirv
la religión en la vida nacional y social.

Pienso que lo que acabo de decir debe también contesta
esta pregunta, porque algo que es útil en lo individual, definitiva
mente será más útil para la nación y la sociedad como un todo

Después de todo, ¿qué son una nación y una sociedad, excepto una colectivo de individuos? Así que no permanezcan bajo la ilusión de que una nación puede vivir sin religión. Este infortunio sucedió en la India. Malinterpretamos ciertas palabras; comenzamos a hablar acerca de un estado irreligioso. Debimos haber dicho un estado "no sectario", pero comenzamos a hablar de un estado irreligioso. Una cosa es estar en un estado no sectario y otra cosa, totalmente diferente, estar en un estado irreligioso. Una persona inteligente estará a favor de un estado no sectario, pero sólo un tonto puede estar a favor de un estado irreligioso. Ser no sectario significa que no estamos relacionados con el jainismo, hinduismo, budismo y mahometismo. Esto es lo que significa ser no sectario. Pero estar en un estado de irreligiosidad significa que no estamos relacionados con la verdad, la no violencia, con el amor o con la compasión. Ninguna nación puede ser irreligiosa en ese sentido. Y si lo es, entonces éste es su infortunio. La nación debe hacer de la religión su verdadera energía vital, y no ser irreligiosa. Pero sí, es absolutamente necesario ser no sectario.

Los ateos del mundo no han dañado mucho la religión; los científicos del mundo no han dañado mucho la religión. Quienes han dañado la religión son, en su mayoría, líderes religiosos. Hay personas cuyo énfasis se encuentra menos en la religión que en ser hindú; cuyo énfasis se encuentra menos en la religión que en ser mahometano. Hay personas que han privado al mundo de la religión. Sectas que debieron haber sido el cuerpo de la religión, pero han probado ser sus asesinos. La religión tiene un gran valor, pero las sectas no tienen valor. Cuantos menos sectas y sectarios haya, mejor.

Es imposible para cualquier raza, cualquier nación o cualquier sociedad continuar sin el principio de la religión. ¿Cómo es esto posible? ¿Podemos continuar sin el principio del amor? ¿Cómo una nación puede ser una nación sin los principios del amor o de la verdad? ¿O puede una nación ser una nación sin el principio de la generosidad, de la no posesividad, de la no violencia y de la audacia? Éstas son las cualidades básicas del alma. En su ausencia, no hay nación ni sociedad. Y si hay tal nación, tal sociedad, entonces, cualquiera con un poco de inteligencia verá que es una multitud de robots. Sería imposible llamar a eso *nación*. Una nación se forma a través de sus interrelaciones: mi relación contigo, y las relaciones que tienes con tus vecinos. Todas estas interrelaciones juntas vienen a conformar una nación. Mientras más de estas relaciones se basen en la verdad, en el amor, en la no violencia y en la religiosidad, mayor fragancia habrá en la vida de la nación, mayor luz habrá en la vida de la nación y menos oscuridad habrá en la vida de la nación.

Así que digo: la vida de una nación y de una sociedad sólo puede existir si se fundamenta en la religión. Debes ser cuidadoso al usar el concepto de secularismo; toda la nación debe ser cuidadosa. Bajo la cubierta de esta palabra existe un gran peligro. Bajo la cubierta de esta palabra puedes creer que la religión no es necesaria. Pero la religión es la *única* cosa que el ser humano necesita. Todo lo demás es secundario y puede ser desechado. La religión es algo que no se puede desechar.

Creo que esto te ayudará a resolver tu duda.

◇◇◇◇◇◇◇◇◇◇◇◇◇◇◇◇◇◇◇◇◇◇◇

Otro amigo ha preguntado:
¿en qué debemos meditar?

En general, con todas las ideas que hay alrededor de la meditación, entiendes que la meditación significa meditar acerca de algo: meditarás acerca de alguien o de algo. Así que la pregunta surge naturalmente: "¿en qué debo meditar?". ¿A quién orar? ¿A quién ofrecerle tu devoción? ¿A quién amar?

Te dije esta mañana que hay un tipo de amor en el que te preguntaría de quién estás enamorado. Y hay otro tipo de amor en el que te preguntaría si hay amor en *tu* interior o no. Éste no tiene nada que ver con el otro.

Hay dos estados del amor: uno en el que el amor es una relación y otro en el que el amor es un estado. En el primer amor, si te digo que siento amor, preguntarás: "¿Por quién?". Y si te digo que no se trata de nadie, sólo siento amor, tendrás problemas para entender. Pero es este segundo estado el que debe ser entendido.

Sólo quien simplemente ama sin la necesidad de que alguien esté ahí, ama realmente. ¿Qué hará alguien que ama a una persona en particular con todas las demás? Estará lleno de odio hacia todos los demás. ¿Y qué hará alguien que medita en una persona en particular con todas las demás? Estará lleno de inconsciencia hacia todos los demás.

La meditación de la que te estoy hablando no es meditar en algo; más bien es un estado de meditación. Así que es esto a lo que me refiero cuando te hablo acerca de la meditación como un estado. La meditación no significa recordar a alguien. Meditar significa desechar todo aquello que está en tu memoria y entrar en un estado en el que sólo la conciencia permanece.

Si prendes una lámpara y retiras todos los objetos que la rodean, la lámpara continuará dando luz. De la misma manera, si retiras todos los objetos de tu conciencia, todos los pensamientos, toda la imaginación, ¿qué pasará? Sólo la conciencia permanecerá. El estado puro de la conciencia es meditar. No meditas en algo. Meditar es un estado en el que sólo la conciencia permanece.

Cuando sólo permanece la conciencia, sin ningún objeto, ese estado se llama *meditación*. Estoy usando la palabra *meditación* en este sentido.

Lo que practicas no es meditación, en sentido real; es sólo un concepto. Pero la meditación sucederá por sí misma a través de esto. Trata de entender que lo que estás practicando en la noche: ejercicios involucrando los chakras, y en la mañana: ejercicios involucrando la respiración, todo es disciplina, no es meditación. A través de esta disciplina llegará un momento cuando la respiración parezca haber desaparecido. A través de esta disciplina, llegará un momento en que el cuerpo parezca haber desaparecido y los pensamientos también habrán desaparecido. ¿Qué quedará cuando todo haya desaparecido? Eso que permanece es la meditación. Cuando todo ha desaparecido, lo que queda detrás es llamado *meditación*. Una disciplina es *sobre* algo; la meditación no es *sobre* algo en particular. Así que lo que estamos haciendo, de hecho, es practicar las disciplinas de los chakras y de la respiración.

Preguntarás: "¿No sería mejor si practicáramos una disciplina usando la idea de Dios? ¿No sería mejor si practicamos una disciplina con un ídolo?".

Eso sería peligroso. Es peligroso porque, mientras practicas una disciplina con un ídolo, el estado al cual llamamos *meditación* no tendrá lugar. Practicar una disciplina con un ídolo... Sólo podrá estar el ídolo y nada más. Y mientras más profundices la disciplina con el ídolo, más se quedará el ídolo y nada más.

Le sucedió a Ramakrishna. Él acostumbraba meditar en la diosa madre Kali; ésta era su disciplina. Entonces, lentamente, lentamente, sucedió que comenzó a ver a Kali en su interior. Cerrando sus ojos, el ídolo tomó vida y él se puso muy alegre, muy jubiloso. Pero un día vino un sabio a verlo. El sabio le dijo:

—Lo que estás haciendo es sólo imaginación, no es un encuentro con Dios.

Y Ramakrishna dijo:

—¿No es un encuentro con Dios? ¡Pero vi a Kali viva!

El sabio respondió:

—Algunos ven a Kali, algunos ven a Jesús, algunos ven a Krishna; todo esto es fabricado por la mente. Dios no tiene ninguna forma visible. La divinidad no tiene un rostro, un modo, una forma. Cuando hay conciencia, la forma desaparece, y entra lo divino.

"No encuentras la divinidad, llegas a ser uno con ella. No hay un encuentro cara a cara en el que tú estás en un lado y Dios está en el otro. El momento surge cuando te fusionas con la infinita existencia, como si una gota cayera en el océano. Y la experiencia de ese momento es la experiencia de lo divino. No encuentras o ves a Dios; tú experimentas la fusión con la existencia como cuando una gota siente que ha caído en el océano."

Y el sabio continuó:

—Esto es un error. Es sólo imaginación —y le dijo a Ramakrishna—: Ahora, de la misma forma en que has creado este ídolo en tu interior, pártelo en dos piezas. ¡Levanta una espada imaginaria y parte al ídolo en dos!

Ramakrishna dijo:

—¿Espada? ¿Dónde encontraré una espada?

El sabio dijo:

—La forma en que creaste el ídolo es imaginación. Puedes también imaginar la espada y partir al ídolo con ella. Deja que la imaginación destruya la imaginación. Cuando el ídolo caiga, nada quedará detrás. El mundo ya ha desaparecido, y ahora sólo un ídolo permanece; deja ir todo eso también. Y cuando sólo haya espacio vacío, encontrarás la divinidad. Lo que estás pensando que es la divinidad no es la divinidad. Es la última barrera hacia Dios. ¡Destrúyela también!

Era muy difícil para Ramakrishna. Había meditado en este ídolo por años y cultivado con tanto amor, que parecía que había comenzado a tomar vida. Estaba siendo muy difícil destruirlo. Cerraba sus ojos una y otra vez, pero regresaba diciendo.

—¡No puedo cometer este acto brutal!

Pero el sabio dijo:

—Si no puedes hacerlo, no puedes llegar a ser uno con la divinidad. Entonces, tu amor por la divinidad es menor que tu amor por el ídolo. ¿No estás listo para destruir un ídolo por la divinidad? Tu amor por la divinidad no es suficiente: ¡no estás listo para liberarte de un ídolo por ella!

Osho

Tú tampoco tienes mucho amor por la divinidad. Tú también estás poniendo ídolos entre tú y la divinidad; abrazando sectas, abrazando escrituras religiosas, y no estás listo para dejarlos ir.

El sabio dijo:

—Siéntate en meditación y yo cortaré tu mente con un pedazo de vidrio. Y cuando me sientas cortando tu frente con un pedazo de vidrio, reúne algo de valor y parte a Kali en dos.

Ramakrishna encontró el valor y, cuando lo hizo, el ídolo hubo sido partido en dos. Cuando volvió, dijo:

—Hoy, por primera vez, llegué al *samadhi*. Hoy, por primera vez, he llegado a saber lo que es la verdad. Por primera vez, me he liberado de la imaginación y he entrado en la verdad.

———————

Así que ésta es la razón por la que no te estoy pidiendo que imagines nada. No te estoy pidiendo que imagines algo que será un obstáculo. Y las pocas cosas que te he dicho sobre los chakras y sobre la respiración, no son un obstáculo, porque no llegas a infatuarte con ellas. No estás involucrado con ellas; son sólo recursos a través de los cuales puedes ir a tu interior. No pueden llegar a ser obstáculos.

Así que sólo estoy hablando acerca de usar la imaginación de manera tal que, al final, no sea un impedimento para tu meditación. Es por ello que no te he pedido que medites *en* algo; simplemente te he pedido que entres en meditación. No te he pedido que *hagas* meditación, te he pedido que entres en meditación.

No estás meditando en algo. Tienes que alcanzar la meditación contigo. Si recuerdas esto, muchas cosas llegarán a ser claras.

Un amigo ha preguntado:
¿por qué la espiritualidad es dominada por
intereses materiales a pesar de ser superior?

Hasta ahora, la espiritualidad no ha sido dominada. Hasta hoy, lo espiritual nunca ha sido dominado por intereses materiales. Dirás que estoy equivocado, porque cada día debes sentirte dominado en tu interior. Pero te pregunto: ¿tienes un genuino interés espiritual? Lo que realmente estás diciendo es que lo que se convierte en dominante no existe en ti; es sólo una idea que tienes acerca de la espiritualidad, de la que has escuchado en algún lado. Si alguien te dijera que los diamantes son opacados por simples guijarros, ¿qué dirías? Dirías que entonces podrían no ser diamantes reales; los diamantes deben ser imaginarios y los guijarros deben ser reales. Así que, por supuesto, los diamantes serán derrotados y los guijarros ganarán. Porque si los diamantes son reales, entonces, ¿cómo pueden ser derrotados por guijarros?

Debes creer que, en tu vida, tus cualidades espirituales son dominadas por tus intereses materiales. ¿Pero dónde están esas cualidades espirituales? Así que lo que sea que creas que es dominado, es sólo imaginario; la otra parte no está ya presente. Debes pensar constantemente que el odio gana y el amor es vencido. Pero, ¿dónde está el amor? Debes pensar que el deseo de conseguir dinero gana y vence al deseo de conocer lo divino. Pero, ¿dónde está el deseo de conocer lo divino? Si realmente está ahí, ningún deseo puede vencerlo. Si realmente está ahí, ningún otro deseo puede, incluso, existir. La cuestión de ser dominado no se presentará.

Si alguien dijera que hay luz, pero es vencida por la oscuridad, dirías que está loco. Si hay luz, la oscuridad no puede entrar. Hasta ahora no ha existido una guerra entre la luz y la oscuridad. Hasta ahora nunca ha existido un conflicto entre la luz y la oscuridad, porque en el momento en que hay luz, la oscuridad no existe más. Ni siquiera existe un oponente, así que ganar no es un problema. La oscuridad puede ganar sólo cuando la luz no está presente en absoluto; así que sólo es victoriosa en la ausencia de luz. Pero no hay duda de si la oscuridad está en presencia de luz, porque la oscuridad desaparece; simplemente no está ahí.

Lo que llamas *intereses materiales* desaparecerá si los intereses espirituales están en ti. Ésta es la razón por la que todo mi esfuerzo está en dar mayor énfasis en crear intereses espirituales en ti que en enfatizar que te liberes de tus intereses materiales. Mi énfasis está en lo positivo.

Cuando un positivo interés espiritual surge en ti, tus intereses materiales se debilitan. Cuando surge el amor dentro de alguien, el odio desaparece de su interior. Nunca ha habido un choque entre el amor y el odio; hasta ahora nunca ha pasado. Cuando la verdad surge dentro de alguien, la mentira desaparece de su interior. La verdad y la falsedad nunca han estado en conflicto. Cuando la no violencia surge dentro de alguien, su violencia desaparece. La no violencia y la violencia nunca han estado tampoco en conflicto. No es una cuestión de derrota... Ni siquiera hay un combate. La violencia es tan débil que en el momento en que la no violencia surge, la primera desaparece. Lo no espiritual es muy débil; el mundo es débil, muy débil.

Es por eso que en la India, el mundo ha sido descrito como *maya*: ilusión. *Maya* se refiere a algo que es tan débil que con sólo tocarlo, desaparece. Es mágico. Es como si alguien te mostrara un árbol de mangos que apenas ha aparecido, y mientras más te acercas a él, te das cuenta de que no está ahí. O en la oscura noche ves una cuerda colgando y la tomas por una serpiente; entonces, cuando te acercas, te das cuenta de que no hay ninguna serpiente. La serpiente que viste en la cuerda es una ilusión: parecía que estaba ahí, pero no estaba.

Es por eso que en la India se dice que el mundo es una ilusión, porque cuando cualquiera se acerca lo suficiente, en el momento en que ve la verdad, encuentra que no hay mundo como tal. Lo que estás llamando *el mundo* no ha sido encontrado de verdad.

Así que cuando sientas que tus intereses espirituales han sido derrotados, date cuenta de una cosa: esos intereses tuyos debieron ser imaginarios. Debes haberlos aprendido leyendo libros, no están dentro de ti. Hay tanta gente…

Una persona vino a mí y me preguntó:

—En el pasado, solía experimentar a Dios, ¡pero ya no lo hago más!

Yo le dije:

—Nunca debió haber pasado. ¿Es posible que hayas comenzado a experimentar la divinidad y ahora ya no?

Mucha gente viene a mí y dice:

—Solía experimentar la meditación, pero ahora no puedo hacerlo más.

Yo les digo:

—Nunca pasó así, porque es imposible haber experimentado la meditación y que entonces lo hayas perdido.

Mantén esto en mente: en la vida, estados superiores pueden ser alcanzados, pero nunca pueden perderse. Puedes alcanzar estados superiores, pero no puedes perderlos; no hay manera de perderlos. Puedes llegar a ser sabio, puedes alcanzar la sabiduría, pero no puedes perderla. Es imposible.

Pero lo que sucede es que con la educación y con el condicionamiento, algunos así llamados sentimientos religiosos surgen en ti. Crees que son religiosos; no son religiosos; sólo son condicionamiento. Hay una diferencia entre religiosidad y condicionamiento. Desde la niñez te han enseñado que hay un alma. Lo aprendes, te quemas las pestañas por ello, lo memorizas, se convierte en una parte de tu sistema de memoria. Y más tarde, tú continúas diciendo que hay un alma y crees que *sabes* que hay un alma.

Tú no lo sabes del todo. Es una idea que una vez oíste en algún lado, una cosa falsa que alguien más te enseñó. Tú no sabes nada de nada. Y entonces, si esta así llamada alma es vencida por tus pasiones, dices: "El alma es tan débil que es derrotada por mis deseos". Tú no tienes un alma; tú sólo tienes una idea. Y esa idea ha sido creada por la sociedad; no es tuya. Cuando la energía de los intereses espirituales despiertan a través de tus propias experiencias, los intereses materiales desaparecen. Ya no tienen poder sobre ti.

Recuerda esto: si sientes que estás siendo derrotado, date cuenta de que lo que creías que era religión, debe haber sido lo que pensabas que era la religión, no tu propia experiencia de la religión. Alguien te lo debió haber dicho, no lo experimentaste por ti mismo. Lo debes haber oído de tus padres. Lo debes haber adquirido por tradición, pero no sucedió dentro de ti. Crees que hay luz, pero no hay nada; es por eso que la oscuridad gana. Cuando hay luz, su sola presencia vence a la oscuridad. La luz no pelea con la oscuridad: su sola presencia, su sola existencia, es la derrota de la oscuridad.

Mantén esto en tu mente, y tira el vacío, los así llamados intereses espirituales y sentimientos religiosos que han sido derrotados. Sabiendo que están vacíos, no tienen significado. La comprensión de cómo crear un auténtico interés espiritual vendrá a ti sólo cuando hayas entendido cómo deshacerte de falsos intereses.

Muchos de ustedes van acarreando totalmente la carga de cosas imaginarias, cosas que no existen. Es como si creyeras que eres uno de esos pordioseros que cree de sí mismo que es un hombre rico, cuando no lo eres. Cuando pones tu mano en el bolsillo y no encuentras dinero, preguntas: "¿Qué clase de riqueza es ésta?". Ésta no es del todo riqueza.

Los pordioseros tienen un pasatiempo favorito: soñar con ser ricos; y todos los pordioseros sueñan con convertirse en ricos. Así que mientras más material seas, más soñarás con ser religioso.

Hay muchas maneras de soñar. Ir al templo por la mañana, donar un poco de algo, llevar a cabo algunos rituales, a veces, hasta leer un poco del Gita, del Corán o de la Biblia; así que se crea la ilusión de que eres religioso. Esos actos crean la ilusión de que eres religioso. Y entonces, cuando esos llamados intereses religiosos son derrotados por deseos materiales, te pones muy triste y te llenas de culpa, y piensas: "Cómo son débiles los intereses espirituales y cómo son fuertes los intereses materiales". Pero tú no tienes ningún interés espiritual. Te estás engañando a ti mismo creyendo que eres religioso.

Así que necesitas entender que un interés espiritual que puede ser derrotado por el deseo sexual es falso. Éste es el criterio: el interés espiritual que puede ser derrotado por intereses materiales es falso. El día que un interés nazca en ti en cuya presencia tus intereses materiales desaparezcan —tomando en cuenta de que aun si los buscas no eres capaz de encontrarlos—, ese día, algo verdaderamente te sucederá. Habrás tenido un vistazo de la religiosidad.

Si el sol sale en la mañana y la oscuridad permanece como es, sabes que sólo has soñado que el sol había salido. Cuando el sol sale, la oscuridad desaparece por sí misma. El sol nunca se encontrará con la oscuridad; el sol no sabe que algo como la oscuridad existe. Y nunca será posible para él saberlo.

Hasta ahora, el alma no ha tenido conocimiento de que algo como los deseos materiales existen. Cuando el alma despierta, entonces los deseos no están en ninguna parte para ser encontrados. Los dos no se encuentran nunca. Recuerda este criterio; será útil.

◇◇◇◇◇◇◇◇◇◇◇◇◇◇◇◇◇◇◇◇◇◇

Un amigo ha preguntado:
¿es necesaria la austeridad en la meditación?

Lo que te estoy describiendo: purificación del cuerpo, purificación de los pensamientos, purificación de las emociones; vacío del cuerpo, vacío de la mente, vacío de las emociones, eso es austeridad.

¿Y qué cree la gente que es la austeridad? Si alguien está parado bajo el sol, creen que está practicando la austeridad. Si alguien está acostado en una cama de espinas, creen que está practicando la austeridad. Si alguien hambriento se sienta, eso significa que está practicando la austeridad. Nuestras ideas acerca de la austeridad son muy materialistas, muy corporales. Para la mayoría de la gente, austeridad significa torturar el cuerpo. Si alguien está lastimando su cuerpo, entonces está practicando la austeridad. En realidad, la austeridad no tiene nada que ver con lastimar el cuerpo. La austeridad es algo absolutamente único; es algo muy diferente.

Si alguien está en ayuno, piensas que está practicando la austeridad; pero él sólo se está muriendo de hambre. E incluso, iré más lejos al decir que él no está en ayuno, él sólo va sin alimento. Ir sin alimento, no comer nada, es una cosa; ayunar es algo totalmente diferente.

Un *upvaas*, un ayuno, significa vivir en presencia de la divinidad. Significa estar cerca del alma de la unidad. Significa estar cerca del alma. ¿Y qué significa estar sin comida? Estar sin comida significa estar cerca del cuerpo. Éstas son dos cosas diametralmente opuestas.

Un hombre hambriento está más cercano al cuerpo que al alma. En comparación, una persona con el estómago lleno está menos cerca del cuerpo. Un hombre hambriento siempre piensa en su hambre, su estómago y su cuerpo. Su línea de pensamientos está interesada en el cuerpo. Su preocupación es con el cuerpo y la comida.

Si estar hambriento fuera una virtud, la pobreza se convertiría en algo de lo que hay que estar orgulloso. Si permanecer hambriento fuera algo espiritual, los países pobres serían espirituales. Pero, ¿sabías que ningún país pobre puede ser espiritual? Al menos, nunca ha pasado hasta ahora. Un país sólo puede ser religioso cuando es rico.

Recuerdas los días del pasado, cuando los países de Oriente eran religiosos, cuando la India era religiosa; pero esos eran días de una gran prosperidad, de una gran alegría y de una gran afluencia. Mahavira y Buda eran los hijos de reyes; los veinticuatro *tirthankaras* del jainismo eran hijos de reyes. Esto no es coincidencia. ¿Por qué un *tirthankara* nunca hubiera nacido en una casa pobre? Hay una razón para ello: la austeridad siempre empieza en medio de la afluencia. Una persona pobre está más cercana al cuerpo. Una persona rica comienza a liberarse del cuerpo, en el sentido de que sus necesidades corporales han sido satisfechas y por primera vez comienza a ser consciente de nuevas necesidades que son del alma.

Es por eso que no estoy a favor de que permanezcan hambrientos, o hacer que alguien más esté hambriento, o llamar espiritual a la pobreza. La gente que dice esto está bajo una ilusión y también está engañando a otros. Sólo están sustentando la pobreza y encontrando falsos caminos para sentirse satisfechos. Permanecer hambriento no tiene valor; el ayuno tiene valor. Sí, es posible que en el estado de ayuno te olvides de la comida y permanezcas sin ella, pero es un asunto completamente diferente. Mahavira practicó la austeridad. Él no permanecía hambriento; él estaba en ayuno. A través del ayuno, él continuamente trataba de alcanzar el estar más cerca del alma. En algunos momentos, cuando estaba más cerca del alma, olvidaba la presencia del cuerpo. Estos momentos se podían prolongar uno o dos días; incluso, podía pasar un mes.

Se dice de Mahavira que en doce años de practicar la austeridad, sólo comió trescientos cincuenta días. Podía pasar uno o dos meses en que no comiera. ¿Crees que si él hubiera estado hambriento, dos meses hubieran simplemente pasado? Un hombre hambriento hubiera muerto. Pero Mahavira no murió, porque no estaba consciente de su cuerpo durante esos periodos. Estaba mucho muy cerca, a tal proximidad del alma, que no estaba consciente de que el cuerpo también estaba ahí.

Y es un gran misterio… Si llegas a no tener conciencia de la presencia del cuerpo, comenzará a funcionar de acuerdo con un sistema totalmente diferente y ya no necesitará comida. Es un hecho científico que si llegas a ser completamente inconsciente de tu cuerpo, comenzará a trabajar en un sistema totalmente diferente y no necesitará mucha comida. Y mientras una persona entre más en el mundo espiritual, más será una posibilidad para él recibir sutilmente, muy sutilmente, energía de la comida que una persona ordinaria no puede recibir. Así que cuando Mahavira estaba ayunando, era sólo porque estaba tan cerca del alma que podía olvidar todo acerca de la comida. Así es como sucedía.

Alguna vez un hombre religioso estaba conmigo y me dijo:

—Hoy estoy en ayuno.

Le dije:

—¡Debes referirte a que estás sin comida, pero no ayunando!

Él dijo:

—¿Cuál es la diferencia entre estar sin comida o ayunando?

Le respondí:

—Cuando permaneces sin comida, dejas de comer y comienzas a meditar acerca de ella. Ayunar significa que tú no te preocupas más por la comida; estás en comunión con el alma y olvidas la comida.

El ayuno es genuina austeridad. Y permanecer sin comida es lastimar el cuerpo, suprimir el cuerpo. La gente con ego permanece sin comida; la gente sin ego ayuna. Permanecer sin comida satisface al ego: "¡No he comido por varios días!". Oyes alabanzas y júbilo alrededor tuyo. La noticia de que eres muy religioso se esparcirá por todos lados. Incluso, un poco de dolor para el cuerpo satisface grandemente al ego; así que la gente con grandes egos está de acuerdo con hacer esto.

Te estoy diciendo claramente que esto tiene que ver con el ego. Éstos no son intereses religiosos ni concierne a ellos. La gente religiosa definitivamente ayuna, pero no permanecen sin comida. Ayunar significa que uno está totalmente involucrado en el esfuerzo de acercarse al alma. Y cuando uno comienza a acercarse al alma, sucede que te olvidas completamente de la comida. Y te digo con énfasis que esto es verdad en todo, no sólo en esto, sino en cada aspecto de la vida.

Ayer te hablaba acerca del sexo y del amor... o debió ser de algo diferente. Una persona que está ocupada reprimiendo el sexo parecerá muy religiosa para ti, pero, de hecho, no es del todo religiosa. Una persona religiosa es alguien que está involucrada en el desarrollo del amor, porque mientras más amorosa sea, el sexo desaparecerá por sí mismo. Mientras más te acercas a la divinidad, habrá muchos cambios dentro de tu cuerpo. El modo en el que ves el cuerpo será diferente, cambiará.

La austeridad es la ciencia a través de la cual una persona olvida que: "Yo soy el cuerpo", y llega el conocimiento de: "Yo soy el alma". La austeridad es un asunto de técnica. La austeridad es una técnica. Un puente, una forma a través de la cual una persona olvida que es el cuerpo, y la comprensión que amanece en él de que es el alma.

Pero falsas austeridades están alrededor de todo el mundo y han hecho mucho daño. Satisfacen los egos de unos cuantos egoístas y hacen un gran daño a la comprensión de las masas, porque las masas creen entonces que ésta es la real austeridad, que ésta es la real meditación, que éste es el real yoga. Pero no son ni meditación ni yoga.

Y te diré algo más: las personas que están interesadas en reprimir el cuerpo de esta manera simplemente son neuróticas. También la gente que disfruta lastimando su cuerpo es la misma gente que disfruta infligiendo dolor en los cuerpos de otros. La única diferencia es que el gozo que ellos experimentarán al infligir dolor en el cuerpo de otros, es experimentado a cambio de dañar sus propios cuerpos. Ésa es gente violenta. Esto es masoquismo; es violencia hacia uno mismo.

Y te recuerdo que en el hombre hay dos tipos de instintos: uno es el instinto de vivir, el instinto de supervivencia; y no debes estar consciente de que hay otro instinto, que es el de morir, el instinto de muerte. Si no hubiera instinto de muerte en el hombre, no habría tantos suicidios alrededor del mundo. Un latente instinto de muerte está presente dentro de cada uno; así que ambos están presentes dentro de ti.

El instinto de muerte puede provocar que una persona se mate a sí misma. Comienza disfrutándolo, sacando jugo de ello. Algunas personas se suicidan en un solo paso y otras lo hacen muy lentamente, a plazos. De aquellos que lo hacen muy lentamente, dirás que están practicando la austeridad, y de aquellos que lo hacen de tajo, dirás que se han suicidado. ¡Pero aquellos que lo hacen lentamente parece que practican la austeridad!

La austeridad no es suicidio. La austeridad no tienen nada que ver con la muerte, tiene que ver con la vida infinita. La austeridad no está interesada en la muerte, sino en llegar a alcanzar una vida más plena.

Así que mi visión de la austeridad tiene que ver con las tres claves de las que ya te he hablado, y más adelante discutiremos tres claves más. Estas seis claves explican lo que es la austeridad de acuerdo con mi visión. Una persona que entra en estos seis *sutras* está practicando la austeridad. ¿Te has preguntado si es realmente austeridad cuando una persona huye y deja a su esposa atrás? La gente llama a esto austeridad… ¡Incluso podrían decir que es un *sannyasin*! Y aun así es posible que él haya huido y dejado a su esposa detrás, pero aún continúe pensando en ella. Austeridad es cuando la esposa se sienta a tu lado y ella no te distrae. No es austeridad que huyas y continúes pensando en ella.

Y recuerda, la gente que huye y deja cosas tras de ella continuará pensando en esas cosas. Es imposible para ellos no hacerlo, porque si fueran del tipo de personas que no lo hacen, serían capaces de no pensar en ellas incluso cuando permanecen a su lado.

Déjame también decirte esto: cuando las cosas están en tu presencia, no piensas en ellas, pero cuando ya no están presentes, comienzas a pensarlas. ¿No te ha pasado esto? No piensas en lo que está frente a ti, piensas en lo que está ausente. Si la gente que amas está cerca de ti, te olvidas de ella; cuando están lejos, comienzas a recordarla. No tienes idea cuánto sufren esos así llamados *sannyasin*.

Si toda esa gente religiosa del mundo fuera honesta, entonces esta ilusión de su ser religioso desaparecería. Y si ellos se expusieran verdaderamente a sus confusiones internas, lo que está pasando en ellos y la agonía que atraviesan, los anhelos por los que están sufriendo, los deseos que les están causando dolor y el demonio que parece los está atormentando... Si ellos te dijeran todo esto, te darías cuenta de que el Infierno está justo aquí, en la Tierra. Te estoy diciendo esto con autoridad: el Infierno no puede estar en ningún otro lugar del mundo. La vida de una persona es el infierno si no ha transformado sus deseos y, en cambio, si ha huido de ellos.

Austeridad no significa huir de nada; es una transformación. Austeridad no es renunciación, sino transformación. Austeridad no es sacrificio, es transformación correcta; y lo que sea que pase en esa transformación, es correcto. Y lo que sea que suceda al huir, al renunciar, no es correcto. Será de mucha ayuda si puedes entender esto.

Miles de personas están sufriendo. Ellos tienen sólo una alegría: satisfacer el ego. Y también sólo unas cuantas personas son capaces de satisfacerlo, no todas. Los egos de esas personas que son muy inteligentes, por alguna razón, se satisfacen más fácilmente. El resto sólo sufre y vive con la esperanza de que algún día irá al Cielo, de que será salvado de ir al Infierno y quizá experimente el Nirvana. La codicia que se está aferrando a ti también se está aferrando a ellos. Y la codicia te da la capacidad de tolerar mucho dolor. Incluso, un hombre ordinario, en su codicia, puede tolerar más dolor. Un hombre ordinario que codicia el dinero atraviesa mucho dolor para acumular dinero y la gente que codicia ir al Cielo, también tolera mucho dolor.

Cuando la gente llevaba a Cristo para crucificarlo, uno de sus seguidores preguntó:

—Hemos dado todo por ti; dinos: ¿cómo seremos tratados en el Reino de Dios? —dijo—: Renunciamos a todo por ti, ¿cuál será nuestro lugar en el Reino de Dios?

Cristo debió mirarlo con gran pena y, quizá sin pena o bromeando, no sé por qué dijo esto, pero contestó:

—Para ustedes también habrá un lugar al lado de Dios.

El hombre se puso feliz y dijo:

—Entonces está bien.

¿Dirías que ese hombre había renunciado? Es difícil encontrar a una persona más codiciosa que aquella que pregunta: "He renunciado a todo, ahora, ¿qué obtendré a cambio?". Alguien que está pensando en obtener algo a cambio no ha renunciado del todo. Es por ello que toda esta plática sobre la austeridad —todos hablando sobre la austeridad— también te tienta a practicar una austeridad particular, de modo que obtengas una particular recompensa.

La austeridad que se sigue con el deseo de obtener algo a cambio es falsa, porque no hay austeridad del todo, es una forma de codicia. Ésta es la razón por la que todas las formas de austeridad que existen te prometen algo a cambio. Te dirán que toda la gente que ha practicado esta o aquella austeridad en el pasado logró esto o lo otro. Todas éstas son formas de codicia.

La única austeridad es tratar de conocerse a sí mismo. No es que obtendrás un lugar en el Cielo a través de esto o de aquello; pero experimentarás gran alegría. No conocerse a sí mismo es no conocer la vida misma, y no conocer tu propio ser… Es imposible que el anhelo de conocerse a sí mismo no surja en alguien que tiene incluso poca inteligencia. Insistirá en saber quién es él y en ponerse al corriente con la energía vital de su interior.

La austeridad es la manera de conocer la verdad de la vida. La austeridad no es represión del cuerpo. Sí, es posible que muchas cosas que le están sucediendo al meditador te parezcan una represión del cuerpo, aunque él no esté haciendo tal cosa.

¿Has visto una estatua de Mahavira? Cuando miras su estatua, ¿sientes que ese hombre ha reprimido su cuerpo? ¿Dónde más has visto un cuerpo como ése? Y entonces, ¿has mirado a los santos que siguen a Mahavira? En el momento en que los ves, sabes que ellos han reprimido sus cuerpos. Todas sus fuentes vitales se desecaron. Sus cuerpos son tristes y torpes, y su estado de conciencia es también torpe. Ellos sólo se están moviendo bajo el hechizo de la codicia: "¿Dónde está la dicha, dónde está la paz que podemos ver en la estatua de Mahavira?".

Esto es algo en lo que hay qué pensar. Mahavira tiró sus ropas. Crees que él tiró sus ropas porque pensó que debía renunciar a sus ropas. No, él simplemente conoció la dicha de estar desnudo. Quiero decirte muy claramente que Mahavira no tiró sus ropas porque hubiera alguna alegría en renunciar a ellas; las tiró por la dicha de estar desnudo. Estar desnudo le causaba mucha alegría y usar ropa se había vuelto una molestia. Descubrió tanta dicha en la desnudez, que la presencia de ropas se convirtió en una molestia, así que tiró sus ropas.

Cuando un monje que está siguiéndolo tira sus ropas, él no siente ningún júbilo en ello. De hecho, es difícil para él tirar sus ropas. Y atravesando esa dificultad, cree que está practicando la austeridad. Al tiempo que tira sus ropas, piensa: "Estoy practicando la austeridad".

Ésta no era la austeridad para Mahavira, era un acto de alegría. Y si alguien está siguiendo a Mahavira sin comprenderlo, sin comprender su alma, sólo tirará sus ropas y, porque tirar sus ropas es difícil para él, le llamará a esto austeridad.

La austeridad no es dolor. No puede haber mayor dicha que la austeridad. Pero aquellos que la practican sólo superficialmente sentirán que es difícil y dolorosa. Y en cambio, al atravesar mucho dolor, satisfarán sus egos en la tierra y satisfarán su ambición por el otro mundo. Yo no llamo a esto austeridad. La austeridad es el proceso de entrar dentro de ti con la ayuda de la mente y del cuerpo. Y entrar en uno mismo es difícil y arduo; necesita de una gran determinación.

Piensa en esto. Si estoy continuamente parado bajo la lluvia y el caliente sol, ¿hay mayor austeridad en esto que en el hecho de que cuando alguien abuse de mí, no me enoje? ¿Hay más austeridad en estar acostado en una cama de clavos que en el hecho de que cuando alguien me golpee con una piedra, incluso el pensamiento de golpearlo de vuelta con una piedra no surja en mi corazón? ¿Cuál de ellas es más austera?

Cualquiera en un circo puede acostarse en una cama de clavos; permanecer bajo el sol caliente es sólo cuestión de práctica, y después de practicarlo por unos cuantos días, dejará de tener algún significado. Es muy simple, es absolutamente simple. Permanecer desnudo es cuestión de práctica. De hecho, toda la gente primitiva del mundo vive desnuda. Pero no llamamos a eso *austeridad*, y no vamos con ellos y caemos a sus pies pensando que están haciendo algo extraordinario. Nosotros sabemos que es su costumbre. Es muy natural para ellos, no es difícil para ellos.

Austeridad no significa que sólo vas practicando algo. Pero el noventa y nueve por ciento de las personas están haciendo esto. Raramente te cruzarás con alguien cuya austeridad sea el fruto de su alegría; y la austeridad es verdad sólo cuando es el fruto de la alegría. Pero cuando está al servicio del sufrimiento, no es más que una forma de masoquismo. Esto no es religioso, esto es neurótico.

Y si el entendimiento crece en el mundo, enviaremos a esos llamados religiosos a un hospital mental, no a un templo. No está lejano el tiempo cuando alguien que obtiene placer lastimando su cuerpo necesitará un tratamiento. Y si alguien está sólo disfrutando los placeres de su cuerpo, también está enfermo, exactamente de la misma manera en que alguien que está obteniendo gozo al lastimar su cuerpo está enfermo, en el otro extremo. Si alguien está obteniendo gozo al sólo usar su cuerpo para el placer, está enfermo. Ésta es la enfermedad de una persona que siempre está buscando el placer corporal. Y si alguien disfruta lastimando su cuerpo, esto también es una enfermedad: es la enfermedad de los ascetas, quienes han reprimido todos sus deseos corporales.

Alguien que usa el cuerpo para lo correcto llega a liberarse de la enfermedad. No se identifica con su cuerpo, ni con la indulgencia ni con la represión. El cuerpo es simplemente un vehículo.

Sólo una persona que no reprime el cuerpo ni es indulgente con él, cuyo placer o sufrimiento no son dependientes del cuerpo, cuyo gozo no es dependiente del cuerpo, sino de alma; sólo una persona como ésa se está moviendo hacia la religión.

Hay dos tipos de personas cuyo júbilo depende del cuerpo: un tipo que experimenta gozo al comer en exceso y otro tipo que experimenta gozo al no comer. Pero ambos están obteniendo gozo al torturar el cuerpo. Es por eso que a ambos los llamo *las personas que son indulgentes con el cuerpo*, y a este tipo de religioso, *materialista:* ellos sólo se preocupan de sí mismos y de su cuerpo. Para la religión ser alguien que sólo se preocupa del cuerpo es muy dañino. Las cualidades espirituales de la religión necesitan ser restablecidas.

◇◇◇◇◇◇◇◇◇◇◇◇◇◇◇◇◇◇◇◇◇◇

Una pregunta más sobre este tema:
¿cuál es la diferencia entre rag: *deseo,* virag:
renunciación del deseo, y veetrag: *más allá del deseo?*

Rag significa "apegarse a algo".

Virag significa "ir contra ese apego".

Y *veetrag* significa "ir más del apego".

Si tú tratas de entender lo que estoy diciendo justo ahora, entonces *rag* es el apego a algo y *virag* es el repudio a ese apego. Si una persona acumula dinero, esto es *rag*, y si alguien renuncia al dinero y huye de él, esto es *virag*. Pero el centro en ambos casos es el dinero. La persona que lo está acumulando, está pensando en el dinero, y la persona que lo está dejando atrás, está también pensando en el dinero. Uno está obteniendo gozo al acumular mucho: él tiene mucho y su ego se satisface pensando en él, mientras que el otro está satisfaciendo su ego pensando sobre el hecho de que ha renunciado a mucho.

Te sorprenderás… La gente que tiene dinero, mantiene un recuento de cuánto tiene, pero la gente que ha renunciado al dinero también mantiene un recuento de a cuánto ha renunciado. ¡Esos monjes y religiosos tienen listas de cuántos ayunos han hecho! Ellos guardan el seguimiento de los diferentes tipos de ayunos que han hecho. Como hay un récord de renunciación, también hay un récord de indulgencia. *Rag* guarda un récord y *virag* también lo guarda, porque el punto en el que se enfocan es el mismo; están abrazando la misma cosa.

Veetrag, estar más allá del apego, no es lo mismo que *virag*, rechazo al apego. *Veetrag* es ser libre de ambos: del apego y del rechazo al apego. *Veetrag* es el estado de la conciencia donde no hay ni apego ni no apego. Es neutral. Tiene dinero, pero no le preocupa.

Kabir tenía un hijo, Kamaal. Kabir estaba en el hábito de *virag*, el rechazo al apego. No tenía el mismo camino que Kamaal, porque si alguien le regalaba algo a Kamaal, él podía guardarlo. Kabir le dijo muchas veces:

—No aceptes regalos de nadie. No necesitamos dinero.

Pero Kamaal respondía:

—Si el dinero no es útil, entonces, ¿cuál es la necesidad de decir *no*? Si el dinero no es útil, entonces, no debemos pedir por él, porque es inútil. Pero si alguien viene aquí a descargarse, ¿por qué decirle *no* a él? Después de todo, el dinero es inútil.

A Kabir no le gustó aquello, y dijo:

—Quiero que vivamos separados.

Su *virag*, su rechazo al apego, estaba haciéndose añicos. Así que le dijo a Kamaal que vivieran serparados, y Kamaal comenzó a vivir en una cabaña aparte.

El rey de Kashi acostumbraba visitar a Kabir, y dijo:

—No veo a Kamaal por aquí.

Kabir dijo:

—No me gustan sus modos, su comportamiento es superficial. Me he separado de él. Vivimos separados.

El rey preguntó:

—¿Cuál es la razón?

Kabir dijo:

—Es ambicioso con el dinero. Alguien le ofrece algo y él lo toma.

El rey fue a ver a Kamaal y, postrándose, puso un diamante muy valioso a sus pies. Kamaal dijo:

—¿Qué trajiste? ¡Sólo una piedra!

El rey pensó: "Pero Kabir dijo que Kaamal sentía apego por la riqueza, ¡y Kamaal dice que sólo traje una piedra!". Así que la recogió y comenzaba a guardarla en su bolsillo, pero Kamaal dijo:

—Si es una piedra, no te molestes en llevar la carga de regreso contigo; de otra manera, seguirás pensando que es un diamante.

El rey pensó: "Aquí hay alguna treta". Pero dijo:

—Entonces, ¿dónde debería ponerla?

Kamaal respondió:

—Si me estás preguntando dónde ponerla, entonces no consideras que sea sólo una piedra. Y estás preguntado dónde ponerla, así que no crees que sea sólo una piedra. ¡Simplemente, tírala! ¿Cuál es la necesidad de guardarla?

El rey la puso en una esquina, en el techo de paja de la cabaña. Luego se fue pensando: "¡Esto es una trampa! Cuando regrese, ya no estará ahí".

Después de seis meses regresó y dijo:

—Hace algún tiempo te hice un presente.

Kamaal dijo:

—Mucha gente me da presentes. Y sólo si tengo algún interés en esos regalos, me tomo la molestia de guardarlos o de regresarlos. Pero si no tengo interés en esos regalos, ¿por qué debería guardar un registro de ellos? Sí, tú debiste haberme dado algo. Puesto que lo estás diciendo, tú debiste haber traído un regalo.

El rey dijo:

—Mi regalo no era muy barato, era muy valioso. ¿Dónde está la piedra que te di?

Kamaal dijo:

—Eso es muy difícil. ¿Dónde la pusiste?

El rey fue y buscó en la esquina, donde la había colocado, y la piedra aún estaba ahí. ¡Estaba sorprendido! Esto abrió sus ojos.

Este hombre, Kamaal, era único: para él, sólo era una piedra. Esto es lo que llamo *veetrag*, ir más allá del apego. No es *virag*, rechazo al apego. Esto es ir más allá del apego.

Rag es el interés de abrazar algo, y *virag* es estar interesado en renunciar a la misma cosa. *Veetrag* significa que esto ha perdido todo significado. *Veetrag*, ir más allá del deseo, es la meta.

Aquellos que alcanzan a conocer la alegría suprema, porque todos sus apegos por lo exterior se ha disuelto.

Y ahora, la última pregunta:
¿es la meditación imposible sin lo que has llamado el fundamento
para la meditación: purificación del cuerpo, purificación de
los pensamientos y purificación de las emociones?

No, sin ello, la meditación también es posible, pero es posible sólo para unas pocas personas. Si entras en meditación con total determinación, entonces, aun sin purificar ninguno de éstos, puedes entrar en meditación, porque en el momento en que entras, todos ellos se volverán puros. Pero si no es fácil para ti tener mucha determinación —es muy difícil para ti tener mucha determinación—, entonces tendrás que purificarlos, uno por uno.

No alcanzarás el estado de meditación por hacerlos puros, pero alcanzarás una gran determinación por hacerlos puros. Por purificarlos, la energía que había sido gastada a través de la impureza, será salvada, y esa energía se transformará en determinación. Entonces, tú entrarás en meditación. Purificar estos tres es provechoso, pero no esencial.

Purificar estos tres no es absolutamente esencial, porque si hay total determinación, incluso por un momento, puedes entrar en meditación. Incluso por un momento, si alguien reúne toda su energía y da el salto, entonces, no hay nada que pueda detenerlo, ninguna impureza puede detenerlo. Pero sólo unas pocas personas han tenido la suficiente fortuna de reunir toda esa energía; sólo una cuanta gente ha sido lo suficientemente afortunada para reunir todo ese coraje.

Sólo el tipo de gente de la que estoy a punto de contarte en esta historia puede reunir todo ese coraje.

Hace tiempo había un hombre que pensaba que el mundo debía terminar en alguna parte, así que se embarcó para encontrar el lugar donde el mundo terminaba. Viajó miles de kilómetros, y continuó diciéndole a la gente:

—Tengo que encontrar el lugar donde el mundo termina.

Finalmente, llegó a un templo donde había una señal con esto escrito: "Aquí termina el Mundo". A él le dio mucho miedo… La señal había aparecido; un poco más lejos y el mundo terminaría. Y debajo de la señal esto estaba escrito: "No Vayas Más Lejos". Pero él quería ver dónde terminaba el mundo, así que continuó.

Un poco más lejos de ahí, el mundo tendría un final. Había una orilla y debajo un infinito abismo. Sólo echó una ojeada y tuvo miedo de morir. Corrió de vuelta; no podía siquiera mirar atrás, porque había tal abismo.

Los desfiladeros que no son tan profundos, son escalofriantes, aunque tienen un fondo; éste era infinito, era el fin del mundo. El abismo era el final y no había nada más allá de él. En su miedo, corrió hasta un templo y le dijo al sacerdote:

—Este punto final es muy peligroso.

El sacerdote respondió:

—Si hubieras saltado, habrías visto que el fin del mundo es el principio de la divinidad —él dijo—: Si hubieras saltado al abismo, habrías encontrado la divinidad.

Pero para reunir el suficiente coraje para saltar al abismo, si no lo has tenido todavía, es necesaria alguna preparación para la meditación. Sólo una persona que está lista para saltar en el abismo no necesita preparación. Y, ¿cómo puede haber una preparación? No puede haber ninguna preparación, y por ello he llamado a estas preparaciones las disciplinas externas. Ellas son el medio externo y te ayudarán a llegar hasta cierto punto. Cualquiera que tenga el coraje puede saltar directamente, y el que no tenga el coraje puede utilizar estos pasos; recuerda esto.

Hoy sólo discutiremos sobre estas cuestiones. El resto las discutiremos mañana.

Capítulo 7
La luz de la conciencia

Mis muy amados:

Les he hablado acerca de los aspectos externos que están en los fundamentos de la meditación. Ahora, les hablaré acerca de la naturaleza central de la meditación.

El cimiento básico de la meditación es purificar y experimentar la verdadera naturaleza del cuerpo, los pensamientos y las emociones. Incluso, si sólo esto sucede, tu vida se volverá muy dichosa. Incluso, si sólo esto pasa, tu vida se volverá divina. Incluso, si sólo esto ocurre, llegarás a conectarte con el más allá. Pero si sólo es un encuentro con el más allá, todavía no te habrás fundido con él. Te habrás conectado con el más allá, pero no te habrás vuelto uno con él. Te habrás familiarizado con la divinidad, pero no eres ella. El fundamento de la purificación te hará volverte hacia la divinidad y centrará tus ojos en ella; pero es sólo este estado de vacío el que te permitirá fundirte con la divinidad y volverte uno con ella.

En el principio, en la periferia, tú vienes a conocer la verdad; en el centro, te convertirás en la verdad. Así que ahora te hablaré acerca de este segundo estado. Lo he llamado el primer estado de la purificación; lo estoy llamando el segundo estado del vacío. Hay también tres estados en este vacío: el nivel del cuerpo, el nivel de la mente y el nivel emocional.

Lo no corpóreo es lo opuesto a la identificación con el cuerpo. Estás identificado con el cuerpo. No piensas: "Éste es mi cuerpo"; por el contrario, en algún nivel llegas a pensar "yo soy el cuerpo". Si la sensación de que tú eres el cuerpo desaparece, entonces llegarás a ser incorpóreo. Si tu identificación con el cuerpo se rompe, lo no corpóreo vendrá.

Cuando Alejandro regresaba de la India, quería llevar un *sannyasin* de vuelta con él, así podría mostrarle a la gente en Grecia cómo se ve un *sannyasin* indio. Había muchos *sannyasin* que estaban listos y entusiasmados de ir. ¿Quién querría ir cuando Alejandro lo invitara y saludara con honores reales? Pero Alejandro no quiso llevar sólo a alguien que estuviera entusiasmado, porque alguien que está entusiasmado no podía ser un verdadero *sannyasin*. Él estaba buscando un *sannyasin* que tuviera un poco de autenticidad.

Cuando estaba cruzando las fronteras de la región, descubrió a un particular *sannyasin*. La gente le dijo:

—Hay un *sannyasin* que vive en el bosque, a la orilla del río. Es a él a quien debes llevar contigo.

Fue ahí. Primero envió a sus soldados a traer al *sannyasin* con él. Los soldados fueron con el *sannyasin* y dijeron:

—¡Eres afortunado! Miles de *sannyasins* le han pedido a Alejandro que los lleve, pero él no ha elegido a ninguno de ellos. Ahora, el gran Alejandro ha mostrado su favor por ti y quiere que vayas con él. Serás llevado a Grecia como la realeza.

El *sannyasin* dijo:

—Nadie tiene el poder o el coraje de forzar a un *sannyasin* de ir a ninguna parte.

Los soldados se impactaron. Eran los soldados del poderoso Alejandro, ¿y un *sannyasin* desnudo osaba hablarles de esa manera? Entonces dijeron:

—No digas eso de nuevo o perderás tu vida.

Pero el *sannyasin* dijo:

—Nadie puede tomar una vida que yo mismo me he entregado. Vayan y digan a Alejandro que su poder puede conquistar todo, pero no puede conquistar a aquellos que ya han sido conquistados por sí mismos.

¡Alejandro estaba sorprendido! Las palabras eran muy extrañas, pero significativas también, porque él sentía que había encontrado al *sannyasin* que había estado buscando. Así que fue él mismo, con su espada en la mano, y le dijo al *sannyasin*:

—Si no vienes, te cortaré la cabeza.

Y el *sannyasin* le contestó:

—¡Hazlo! Y de la misma manera en que veas que has cortado la cabeza de este cuerpo, yo también veré que la cabeza ha sido cortada de este cuerpo. Yo también lo veré, y yo también estaré observando que esto está sucediendo. Pero no serás capaz de *matarme*, porque yo soy el observador —y continuó—: También veré que la cabeza ha sido cortada; así que no te quedes con la impresión de que puedes lastimarme de alguna manera. Estoy más allá del punto donde alguien puede lastimarme.

Ésta es la razón por la que Krishna ha dicho: "Eso a lo que el fuego no puede quemar, a lo que una flecha no puede perforar, a lo que una espada no puede cortar, eso sin-ser, ese ente está dentro de nosotros".

La conciencia de ese ser y el abandono de identificación con el cuerpo, el abandono del sentimiento de que tú eres el cuerpo, es lo no corpóreo. Pero tendrás que hacer algo para abandonar la identificación. Tendrás que aprender cómo abandonarla. Y mientras más puro esté el cuerpo, lo más fácil que será abandonar la identificación con el cuerpo. Mientras más el cuerpo esté en un estado de purificación, lo más rápido que podrás llegar a ser consciente de que tu cuerpo no es tu cuerpo. Ésta es la razón por la que la pureza del cuerpo es la base y lo no corpóreo es su fruto último.

¿Cómo puedes aprender que no eres el cuerpo? Tendrás que experimentarlo. Ya sea parado, sentado, durmiendo o despierto, trata de recordar, si hay un pequeño y correcto ser consciente, si hay una pequeña conciencia de las funciones del cuerpo, habrás dado el primer paso hacia la creación del vacío.

Cuando estás caminando a lo largo del camino, mira profundamente en tu interior y verás que hay alguien ahí que no está caminando. Tú estás caminando, tus manos y tus pies se están moviendo, pero hay algo dentro de ti que no está caminando del todo, que sólo está observando tu caminar.

Cuando tienes algún dolor en tu mano o pie, cuando has sido herido en tu pie, entonces, mira en tu interior con conciencia: ¿*estás* herido o es que tu cuerpo está herido y tú te estás identificando con el dolor? Cuando hay algo de dolor en tu cuerpo, sé consciente de si el dolor te está pasando a ti o si eres un simpe testigo del dolor, si eres un simple observador del dolor.

Cuando sientes hambre, busca ver con conciencia si tú estás hambriento o tu cuerpo está hambriento, y tú eres un simple testigo de ello. Y cuando hay alegría, también mira y siente dónde es que le alegría está en efecto teniendo lugar.

Con todo lo que esté pasando en tu vida, mientras estés de pie, sentado, caminando, durmiendo y despierto, lo que es necesario que recuerdes es ser consciente para hacer el constante esfuerzo de ver dónde las cosas están realmente teniendo lugar. ¿Realmente te están pasando a ti o tú sólo eres un observador?

Tu hábito de identificación es profundo. Incluso, comienzas a llorar mientras estás viendo una película o una obra de teatro, o puedes comenzar a reír. Cuando las luces del teatro se encienden, discretamente limpias tus lágrimas, para que nadie pueda verlas. Lloras, llegas a identificarte con la película. Llegas a identificarte con el héroe, el personaje: algo doloroso le ha sucedido y tú te identificas con este dolor y comienzas a llorar.

Una mente que piensa que lo que sea que le esté pasando al cuerpo, te está pasando a ti, está en la miseria y en el dolor. Y hay sólo una razón para toda tu miseria, y es que te identificas con el cuerpo. Y también hay una sola razón para la felicidad, y es que tu identificación con el cuerpo se rompe y tú llegas a ser consciente de que no eres el cuerpo.

Por ello, la correcta remembranza es necesaria. La correcta remembranza de las actividades del cuerpo, la correcta conciencia, la correcta observación de las actividades del cuerpo son necesarias. Es un proceso: lo no corpóreo sucederá a través de la correcta observación del cuerpo.

Es necesario observar el cuerpo. Cuando vas a la cama por la noche, es importante que seas consciente de que tu cuerpo está yendo a la cama, no tú. Y en la mañana, cuando salgas de la cama, es importante ser consciente de que tu cuerpo está saliendo de la cama, no tú. No eras tú quien dormía, era sólo tu cuerpo el que dormía. Cuando comes, sé consciente de que tu cuerpo está comiendo, y cuando vistas ropa, sé consciente de que las ropas sólo están cubriendo a tu cuerpo, no a ti. Entonces, cuando alguien te lastima, con esta conciencia serás capaz de recordar que el cuerpo es el que está siendo lastimado, no tú. De esta manera, con constantes recordatorios, en algún punto vendrá una explosión y la identificación será rota.

¿Sabes que cuando duermes no eres consciente de tu cuerpo? ¿Y sabes que cuando estás profundamente dormido no tienes conciencia de tu cuerpo? ¿Recuerdas tu rostro? Mientras más profundo vayas a tu interior, más olvidarás tu cuerpo. En un sueño no estás consciente de tu cuerpo, y en un muy profundo sueño, en un estado de inconsciencia, no eres de todo consciente de tu cuerpo. Cuando la conciencia comienza a regresar, tu identificación con el cuerpo gradualmente comienza a retornar. Por la mañana, cuando repentinamente despiertas, mira en tu interior, y claramente serás capaz de ver que tu identificación con el cuerpo está también despertando.

Hay un experimento para romper esta identificación con el cuerpo. Si lo haces una o dos veces al mes, te ayudará a romper la identificación. Ahora trata de entender este experimento.

Relaja tu cuerpo de la misma manera en que lo hemos hecho en la meditación nocturna: en una habitación oscura, da instrucciones a cada chakra, relaja el cuerpo y entra en meditación. Cuando el cuerpo esté relajado, cuando tu respiración se haya relajado y hayas alcanzado el silencio, siente como si hubieras muerto. Y llega a tomar conciencia de tu interior, desde que estás muerto hasta de que quienes te aman te están rodeando. Imagínalos rodeándote; lo que hacen, quiénes de ellos lloran, quién grita, quién se aflige; obsérvalos con gran claridad; ellos serán visibles para ti.

Entonces, mira que toda la gente del vecindario, la localidad, al igual que todos tus seres queridos, te han rodeado y han sujetado tu cuerpo al ataúd. Observa eso también. Ve a la gente cargando el ataúd y llegando al lugar de la cremación; entonces, déjalos ponerlo en la pira funeraria.

Observa todo esto. Todo esto es imaginación, pero si tú experimentas con todo esto en tu imaginación, podrás verlo claramente. Y entonces ve que ellos han puesto tu cuerpo muerto en la pira funeraria; las flamas han crecido y tu cuerpo muerto desaparece.

Cuando tu imaginación alcanza este punto en el que tu cuerpo muerto ha desaparecido y el humo comienza a subir hacia el cielo, las flamas han desaparecido en el aire y sólo cenizas han quedado, inmediatamente, con plena conciencia, mira en tu interior lo que está pasando. En ese momento, repentinamente encontrarás que no eres el cuerpo; en ese momento, la identificación será totalmente rota.

Después de hacer este experimento muchas veces, cuando te levantes después de hacerlo, cuando camines, cuando hables, sabrás que no eres el cuerpo. Nosotros llamamos a este estado el estado incorpóreo. Alguien que se ha llegado a conocer a través de este proceso llega a ser incorpóreo.

Si haces esto todo el tiempo, por veinticuatro horas al día: caminando, levantándote, sentándote, hablando y haciendo conciencia de que no eres el cuerpo, entonces, el cuerpo sólo será vacío. Y saber que no eres el cuerpo es excepcional. Es absolutamente excepcional; nada es más preciado que ello. Llegar a perder la identificación con el cuerpo es absolutamente excepcional.

Después, tu cuerpo, tus pensamientos y tus emociones habrán sido purificadas, si haces este experimento con lo no corpóreo, esto sucederá. Y entonces, muchos cambios comenzarán a suceder en tu vida. Todos los errores, todos tus actos inconscientes están conectados a tu cuerpo. No tienes que cometer un error o realizar un acto erróneo que no esté conectado con el cuerpo. Y si eres consciente de que no eres el cuerpo, no hay posibilidad de que continúe habiendo miseria en tu vida.

Entonces, si alguien te entierra una espada, verás que él ha cortado tu cuerpo con una espada, y serás consciente de que nada te ha pasado a *ti*. Permanecerás sin haber sido tocado. En ese momento, llegarás a ser como una hoja de loto en el agua. El momento en el que llegas a ser consciente de que no eres corpóreo, tu vida llegará a ser pacífica, tranquila. Entonces, cualquier evento externo, cualquier trueno o tormenta no te tocarán, porque ellos sólo pueden tocar el cuerpo. Su impacto es sólo en el cuerpo; ellos afectan sólo al cuerpo. Pero tú piensas, erróneamente, que el impacto es en ti; ésta es la razón por la que sufres y sientes pena o felicidad.

Ésta es la primera etapa de la disciplina espiritual: aprendes a llegar a ser libre del cuerpo. No es difícil aprender, y aquellos que hacen el esfuerzo, definitivamente lo experimentarán.

El segundo elemento de la disciplina espiritual es la libertad de pensamientos. Como he dicho, esa no corporalidad sucede a través de la correcta observación del cuerpo, la libertad de pensamientos sucede a través de la correcta observación de tus pensamientos. El elemento básico de la disciplina espiritual es la correcta observación. En estas tres etapas tienes que mirar con correcta conciencia y correcta observación al cuerpo, a la mente y a las emociones.

Conviértete en un observador de la corriente de pensamientos que fluyen a través de tu conciencia. Exactamente como alguien sentado a la orilla de un río viendo la corriente, siéntate a la orilla de tu mente y observa. O exactamente como alguien sentado en el bosque, y observa la línea del vuelo de los pájaros; sólo siéntate y observa. O en la forma en que alguien observa el cielo lluvioso y el movimiento de las nubes, tú sólo observa las nubes de pensamientos moviéndose en el cielo de tu mente. Los pájaros de pensamientos volando, el fluido del río de pensamientos… De la misma manera, silenciosamente parado en la orilla, simplemente te sientas y observas. Es lo mismo que si estás sentado en la orilla, observando los pensamientos fluir. No hagas nada, no interfieras, no los detengas de ninguna manera. No los reprimas de ninguna manera. Si hay un pensamiento que viene, no lo detengas; si no viene, no trates de forzarlo a venir. Simplemente sé un observador.

En esa simple observación, verás y experimentarás que tus pensamientos y tú están separados, porque puedes ver que quien está observando los pensamientos está aparte de ellos, se diferencia de ellos. Y al tiempo que te haces consciente de esto, una extraña paz te envolverá, porque no tendrás más preocupaciones. Tú puedes estar en medio de todo tipo de preocupaciones, pero las preocupaciones no serán tuyas. Puedes estar en medio de muchos problemas, pero los problemas no serán tuyos. Puedes estar rodeado de pensamientos, pero tú no *serás* los pensamientos.

Y si eres consciente de que no eres tus pensamientos, la vida de esos pensamientos comenzará a hacerse más débil, ellos comenzarán a tener menos y menos vida. El poder de tus pensamientos reside en el hecho de que piensas que ellos son tuyos. Cuando discutes con alguien dices: "Mis pensamientos son…". Ningún pensamiento es tuyo. Todos los pensamientos son distintos de ti; sepáralos de ti. Tú sólo sé el testigo de ellos.

Te contaré una historia a modo que entiendas esto con mayor profundidad. Le pasó a Buda…

Un príncipe había sido iniciado, y en su primer día fue a pedir limosna. Él pidió comida a una puerta donde Buda le había dicho que fuera. Recibió la comida, comió y regresó. Pero cuando volvió, le dijo a Buda:

—Perdóname, pero no podré ir ahí otra vez.

Buda le preguntó:

—¿Qué sucedió?

Y él respondió:

—Cuando fui, tuve que andar tres kilómetros y, en el camino, pensé en la comida que me gustaría comer. Y cuando llegué a la puerta, la *shravika*, una mujer laica seguidora de Buda, había preparado esa comida. Estaba sorprendido. Todavía pienso si no sería coincidencia. Pero entonces, sucedió que cuando me senté a comer, vino a mi mente el pensamiento de que cuando estaba en mi hogar, acostumbraba descansar por unos cuantos minutos todos los días. Y pensé: '¿Quién me preguntará ahora si me gustaría descansar hoy?'. Y al tiempo que lo estaba pensando, la *shravika* dijo: 'Hermano, si quieres quedarte un momento después de que hayas comido a descansar, estaría obligada y agradecida, y mi casa sería purificada'.

"Estaba realmente sorprendido. Pero una vez más pensé que debía ser una coincidencia que el pensamiento viniera a mi mente y ella también lo mencionara. Así que me recosté, y estaba a punto de descansar, cuando vino a mi mente un pensamiento: 'Hoy no tengo una cama que sea de mi propiedad ni refugio propio; hoy estoy bajo el techo de alguien más, recostado en la estera de alguien más. Y en ese momento la *shravika* dijo detrás mío: '¡Oh, monje! La cama no es ni tuya ni mía; y la estera no es ni tuya ni mía'. Entonces me asusté.

"Era muy difícil creer que esas coincidencias sucedieran una y otra vez, así que dije a la *shravika*: '¿Mis pensamientos llega a ti?

¿Eres consciente de las olas de pensamiento que surgen en mí?'. Y la shravika respondió: 'Meditando continuamente, mis pensamientos han desaparecido, y ahora puedo ver los pensamientos de las otras personas'. Entonces, realmente me asusté y regresé corriendo aquí contigo. Por favor, perdóname, pero no soy capaz de ir de nuevo allá mañana."

Buda preguntó:

—Pero, ¿por qué no?

Y él respondió:

—Porque... ¿Cómo puedo decírtelo? Perdóname, sólo, por favor, no me pidas que vaya allá de nuevo.

Pero Buda insistió, así que él tuvo que decirle:

—Viendo a esa hermosa mujer, algún pensamiento lascivo surgió en mí, y ella debió también haber sido capaz de leer esos pensamientos. Ahora, ¿cómo puedo verla a la cara? ¿Cómo seré capaz de pararme a su puerta? No puedo ir ahí de nuevo.

Pero Buda dijo:

—Simplemente tienes que ir ahí. Es parte de la meditación. Sólo de esta manera llegarás a ser consciente de tus pensamientos.

Él estaba desconsolado... Tenía que ir allá al día siguiente. Pero, el día siguiente no fue el mismo hombre quien fue allá. La primera vez que había recorrido el camino iba adormecido, no había sido consciente de qué pensamientos atravesaban su mente. Al siguiente día fue con conciencia, porque ahora había temor. Fue ahí conscientemente. Y cuando llegó a su puerta, esperó por un momento antes de subir los escalones. Se hizo consciente y centró su conciencia hacia dentro. Buda había dicho: "Sólo mira dentro de ti y no hagas nada; simplemente sé consciente de que ningún pensamiento es invisible. Simplemente sé consciente de que ningún pensamiento pasa por ti sin que tú lo hayas visto".

Subió los escalones observando dentro de él. Casi podía ver su respiración. Incluso, podía ver el movimiento de sus manos y pies. Y, mientras comía, estaba consciente de cada mordida. Era como si alguien más estuviera comiendo la comida y él estuviera simplemente observando.

Cuando comienzas a observarte, habrá dos corrientes dentro de ti: una que está haciendo y otra que sólo está observando. Habrá dos partes dentro de ti: una es el hacedor y la otra es el observador.

Él estaba comiendo su comida, aun así, había una persona comiendo la comida y otra más observando. En India decimos —y toda la gente en el mundo que ha llegado a saber dice—: "El que está observando eres tú y el que está haciendo no eres tú".

Él observó. ¡Estaba sorprendido! Regresó a Buda bailando y le dijo.

—¡Esto es grandioso! He descubierto algo. He tenido dos experiencias: una experiencia es que cuando estaba totalmente consciente, los pensamientos se detuvieron. La segunda experiencia es que cuando los pensamientos se detuvieron, vi que el hacedor es diferente del observador.

Buda dijo:

—Ésa es la clave. Y quien la encuentra ha encontrado todo.

Conviértete en el observador de tus pensamientos, pero no en un pensador; recuerda, no en un pensador, sino en un observador de tus pensamientos.

Es a lo que llamo nuestros videntes sabios, no pensadores. Mahavira no es un pensador, Buda no es un pensador; ellos son observadores videntes. Un pensador es una persona enferma. La gente que no lo sabe, piensa. La gente que sabe, no piensa, observa. Son capaces de ver lo que es invisible para ellos.

Y la forma en que ven es observando los pensamientos dentro de ellos. De pie, sentado, durmiendo o despierto, observa cualquier corriente de pensamiento que esté fluyendo a través tuyo y no te identifiques con ningún pensamiento como si fueras él. Deja que tus pensamientos fluyan separados de ti y tú permanece separado de ellos.

Debe haber dos corrientes dentro de ti. Un hombre ordinario cree que sólo hay una corriente. Un meditador tiene dos corrientes dentro de él: pensamientos y observación. Un meditador tiene dos corrientes paralelas dentro de él: pensamientos y vigilante.

Un hombre ordinario tiene una corriente dentro de él, ésa es la del pensamiento. Y una persona iluminada también tiene sólo una corriente dentro de él, que es la del simple observador. Trata de entender esto: un hombre ordinario tiene una corriente de pensamiento dentro de él, el observador se ha quedado dormido; el meditador tiene dos corrientes paralelas dentro de él: pensamiento y observador. Dentro de una persona iluminada sólo una corriente permanece: la que está observando. El pensamiento ha muerto.

Pero, porque has aprendido a observar desde un estado de pensamiento, tendrás que meditar en los pensamientos y observar de lado a lado. Si tenemos que movernos del pensamiento hacia la observación, tendremos que meditar en los pensamientos y observar simultáneamente. Es a lo que llamo *correcta observación*; es a lo que llamo *correcta remembranza*. Mahavira lo ha llamado *inteligencia alerta*; inteligencia atenta y despierta. El que está observando los pensamientos es tu inteligencia atenta. Es muy fácil encontrar pensadores, pero es difícil encontrar a alguien cuya inteligencia esté atenta.

Despierta tu inteligencia. Te he dicho cómo despertarla: observando tus pensamientos con conciencia.

Si observas las acciones del cuerpo, el cuerpo desaparecerá; si observas tus pensamientos racionales, el proceso de pensamiento, entonces, los pensamientos desaparecerán; y si observas tus emociones de cerca, entonces, las emociones desaparecerán.

Te he dicho que, para la purificación de las emociones, permitas que el amor que venga tome el lugar del odio y la amistad el lugar de la enemistad. Ahora te diré que también seas consciente de esta verdad: hay una dimensión detrás de quien está amando y de quien está odiando, la que es sólo conciencia: el que no ama ni odia. Es un simple observador. Él a veces observa el odio y a veces observa el amor, pero es un simple observador, es un simple observador.

Cuando odio a alguien, ¿no soy consciente en un punto del hecho de que estoy odiando? Y cuando amo a alguien, ¿no de alguna manera interna sé que estoy amando a alguien? Ésta es la conciencia detrás del amor y del odio. Es tu conciencia, la que está detrás de tu cuerpo, pensamientos y emociones; detrás de todo. Es a lo que las viejas escrituras llamaron *neti-neti*, ni esto ni aquello. No es ni el cuerpo, ni los pensamientos, ni las emociones. No es ninguno de ellos. Y donde no hay nada, hay un observador, el vidente, el testigo consciente, el alma.

Así que recuerda ser el observador de tus emociones también. Eventualmente tendrás que llegar a aquello que es pura visión. Que es pura visión que debe ser guardada. Esa pura visión es inteligencia. La hemos llamado *pura visión sabia*. La llamamos *pura visión consciente*. Ésa es la última meta del yoga y de todas las religiones.

La cualidad básica de la disciplina espiritual interna es la correcta observación, la correcta observación de las acciones del cuerpo, del proceso de pensamiento y de la corriente interna de las emociones. Una persona que llega a ser un testigo después de haber pasado a través de estas tres capas encontrará la otra orilla. Y encontrar la otra orilla es casi como alcanzar la meta. Alguien que permanece cautivo en cualquiera de estas tres está todavía atado a la orilla. No ha alcanzado la meta.

He oído una historia:

Era una noche de luna llena… como ésta. La luna estaba llena y era una hermosa noche, así que algunos amigos sintieron que querían dar un paseo en bote a la mitad de la noche. Querían divertirse un poco, así que antes de subirse al bote, bebieron bastante. Entonces, se subieron al bote, tomaron los remos y comenzaron a remar el bote. Remaron por un largo tiempo.

Cuando la mañana abrió y el frío viento comenzó a soplar, ellos recobraron sus sentidos y pensaron: "¿Qué tan lejos hemos llegado? Debemos haber estado remando toda la noche".

Pero, cuando vieron con atención, vieron que aún estaban al costado de la misma orilla donde habían estado la noche anterior. Entonces se dieron cuenta de lo que habían olvidado hacer: habían remado el bote por un largo tiempo, pero habían olvidado desatarlo.

Y, de cualquier forma que alguien que no ha desamarrado el bote de la orilla sufra y llore en este infinito océano de la divinidad, no llegará a ningún lado.

¿A qué está tu bote de conciencia atado? Está atado a tu cuerpo, a tus pensamientos y a tus emociones. El cuerpo, los pensamientos y las emociones, que son tu orilla. En un estado embriagado puedes remar durante toda la vida, durante la interminable vida. Y después de la interminable vida, cuando la fresca briza del pensamiento despierte, o alguna sabiduría te toque, cuando algún rayo de luz te toque y despiertes, y mires, encontrarás que has desperdiciado tu vida remando tu bote y que has estado atado a la misma orilla donde comenzaste. Y entonces, verás el simple hecho de que has olvidado desatar tu bote.

Aprende cómo desatar tu bote. Remar es muy fácil, pero desatar el bote es muy difícil. Ordinariamente es muy fácil desatar el bote y remar es más difícil. Pero cuando la corriente de la vida está involucrada, es muy difícil desatar el bote, pero remar es muy fácil. Ramakrishna dijo alguna vez: "Desata tu bote, abre tus velas y el viento de la divinidad te llevará; ni siquiera necesitas remar".

Lo que él dijo es verdad: si desatas tu bote, verás que los vientos de la divinidad ya están soplando y te llevarán a distantes playas. Y a menos que encuentres las más lejanas playas no sabrás lo que es la dicha. Pero primero tienes que desatar tu bote.

La meditación significa que tú desatas el bote. ¿Por qué existen aquellos que no son capaces de desatar su bote? Están embriagados; son inconscientes. Y por la mañana, cuando sienten los fríos vientos y vuelven a sus sentidos, encuentran que el bote aún está atado a la ribera.

He hablado de correcta observación. La correcta observación es lo opuesto a la inconsciencia. Tú estás en un estado de inconsciencia y esto es porque has atado el bote a tu cuerpo, a tus pensamientos a tus emociones. Si por sentir los fríos vientos de la correcta observación llegas a estar alerta, entonces, no será difícil desatar el bote. La inconsciencia tiene atrapado el bote; la conciencia lo dejará libre. Y la correcta observación en todos los actos es un forma de conciencia.

Hay sólo una disciplina espiritual interna y es la correcta remembranza; correcta remembranza, o correcta inteligencia, o correcta conciencia. Recuerda esto, porque es muy importante usarla constantemente, continuamente.

Si las tres purificaciones y los tres vacíos pueden suceder... Las tres purificaciones te ayudarán a traer los tres vacíos. Si los tres vacíos se experimentan, esto es *samadhi*, iluminación. *Samadhi* es la puerta a la verdad, a uno mismo, a la divinidad. Para aquel que despierta en *samadhi*, el mundo desaparece. *Desaparecer* no significa que estos muros desaparecerán y que tú desaparecerás. *Desaparecer* significa que todos estos muros no serán más muros y tú no serás más tú. Cuando una hoja se mueve, no sólo verás la hoja, sino también la fuerza de la vida que la mueve, y cuando los vientos soplan, no sólo sentirás los vientos, sino también los poderes que los hacen soplar, y entonces, incluso en cada partícula de polvo verás no sólo lo mortal, sino también lo inmortal. El mundo desaparecerá al tiempo que la divinidad aparecerá.

Dios no es el creador del mundo. Hoy alguien me preguntó: "¿Quién creó el mundo?".

Estás cerca de las montañas, estás en los valles, ¿y me estás preguntando quién creó estos valles y estos árboles?, ¿quién los creó? Tú continuarás preguntando esto hasta que lo experimentes por ti mismo. Y una vez que hayas llegado a conocerte, no preguntarás más quién los creó, lo sabrás: es existencia por sí misma. No hay creador. La existencia misma es el creador. Cuando tengas ojos serás capaz de ver, verás que la creación por sí misma es el creador. Y este vasto mundo que te rodea se convertirá en la divinidad. La divinidad no es experimentada en oposición al mundo: cuando la actitud mundana desaparece, la divinidad aparece.

En ese estado de *samadhi* conocerás la verdad: la verdad velada, la verdad que normalmente está oculta. ¿Y qué la oculta? Está oculta sólo por tu inconsciencia. No hay velas cubriendo la verdad, las velas están sobre tus propios ojos. Es por ello que cuando alguien se quita las velas de los ojos conoce la verdad.

Y te he dicho cómo remover las velas de frente a tus ojos: las tres purificaciones y los tres vacíos te ayudarán a remover estas velas de tus ojos. Y cuando los ojos estén sin ninguna vela, esto es llamado *samadhi*. Esa pura visión sin ninguna vela es *samadhi*.

Samadhi es la última meta de la religión; de todas las religiones, de todos los yogas. He hablado de esto. Reflexiona en ello, contémplalo y medita en ello. Piensa en ello, dale algún pensamiento y déjalo profundizar en tu ser. Como el jardinero, alguien que siembra la semilla, un día, encontrará que las flores han abierto. Y alguien que trabaja duro cavando en las minas, un día, encontrará diamantes y piedras preciosas. Y alguien que se zambulle en el agua y profundiza, un día, encontrará que ha traído perlas.

Alguien que ha tenido el anhelo y quien ha tenido coraje encontrará su vida transformada, habrá hecho progresos. Escalar una montaña no es un gran desafío como conocerse a sí mismo. Y esto es una humillación para una persona inteligente, que ha tenido la fuerza y la energía para no haber logrado conocerse a sí mismo. Cada persona puede tener la determinación de conocer la verdad, conocerse a sí mismo y conocer la iluminación. Con esta determinación y en el uso de estos fundamentos, es posible que cualquiera tenga éxito. Piensa en ello.

◇◇◇◇◇◇◇◇◇◇◇◇◇◇◇◇◇◇◇◇◇◇◇◇

Ahora nos sentaremos para la meditación nocturna. De nuevo, te diré algo acerca de la meditación nocturna. Ayer te hablé acerca de los cinco chakras en tu cuerpo: hay partes de tu cuerpo conectadas con estos chakras. Si tú relajas esos chakras, si tú los incitas a estar relajados, entonces, esas particulares partes de tu cuerpo se relajarán simultáneamente.

El primer chakra es el *muladhar* chakra. El primer chakra puede sentirse cerca de los genitales. Le darás instrucciones a este chakra de que se relaje. Centra tu atención en ello totalmente, dile que se relaje.

Pensarás: "Pero, ¿qué pasará sólo por decir esto? ¿Cómo mis piernas llegarán a estar relajadas sólo porque les digo que se relajen? Si le digo al cuerpo que se congele, ¿cómo se congelará?".

No se necesita mucha inteligencia para entender tal pequeña cosa. Cuando te dices a ti mismo: "¡Mano, levanta el pañuelo!", ¿cómo es que la mano levanta el pañuelo? Y cuando le dices a tus pies que caminen, ¿cómo es que ellos caminan? Y cuando le dices a tus pies que no caminen, ¿cómo es que ellos se detienen? Todos y cada uno de los átomos de tu cuerpo siguen tus órdenes. Si ellos no siguieran tus órdenes, el cuerpo no podría funcionar. Tú le dices a tus ojos que se cierren y ellos se cierran. Hay un pensamiento dentro de ello, y los ojos se cierran. ¿Por qué? ¿Crees que no hay conexión entre tu pensamiento y tus ojos? Si no la hubiera, podrías sentarte pensando en tu interior que tus ojos deberían cerrarse, y ellos podrían no cerrarse. Y tú podrías estar pensando que tus pies deben caminar, y ellos podrían no moverse.

Cualquier cosa que tu mente diga, simultáneamente alcanzará al cuerpo. Si eres un poco inteligente, puedes hacer que tu cuerpo haga cualquier cosa. Lo que estás haciendo todos los días es más natural. Pero, ¿sabes incluso que esto no es absolutamente natural? Incluso, allí el poder de la sugestión está trabajando. ¿Sabías que si un niño humano nace entre animales, no será capaz de levantarse erecto? Incidentes como éste han sucedido.

Hace algún tiempo, en los bosques cercanos a Lucknow, hubo un incidente. Un niño que había nacido entre lobos fue encontrado. A los lobos les gustaba tomar niños de la aldea y algunas veces también los criaban. Muchos incidentes como éste han tenido lugar. Aproximadamente hace cuatro años, un chico de catorce años que había sido criado por los lobos fue recuperado del bosque. Los lobos lo habían tomado de la aldea cuando era un pequeño niño, y lo habían alimentado con leche, y lo habían criado.

El chico de catorce años de edad era totalmente un lobo: caminaba con las cuatro extremidades y no se podía parar derecho. Hacía ruidos como si fuera lobo, y era feroz y peligroso. Si hubiera atrapado a un ser humano, se lo habría comido vivo, pero no era capaz de hablar. ¿Por qué un chico de catorce años no era capaz de hablar? Y si le decías que hablara, que tratara de hablar, ¿qué habría hecho? ¿Y por qué un chico de catorce años no se podía parar derecho? Porque nunca fue incitado a ponerse de pie derecho, así que nunca lo hizo.

Cuando un pequeño niño nace en tu casa, cuando ve que todos ustedes caminan, esto la da esa idea. Viendo a la gente caminando alrededor de él, su coraje crece y lentamente, lentamente, él se va haciendo a la idea de que es posible ponerse de pie en dos pies y caminar. Toma la idea, y ésta penetra profundamente en su conciencia. Entonces, obtiene coraje para caminar y hace el esfuerzo. Cuando ve a los otros hablando, toma la idea de que es posible hablar; entonces, hace el esfuerzo de hablar. Las cuerdas vocales que están habilitadas en él para hablar llegan a activarse.

Hay muchas glándulas dentro de nosotros que no están activas. Recuerda, el desarrollo total del hombre aún no ha llegado. Aquellos que conocen la ciencia del cuerpo dicen que sólo una pequeña parte del cerebro humano está activo. La parte que queda está totalmente inactiva, parece que no tiene ninguna función. Y los científicos no han sido capaces de descubrir su función. Todavía parece que esas partes no tienen función. Una gran parte de tu cerebro está ahí totalmente sin usar. Pero el yoga dice que todas estas partes pueden volverse activas. Y descendiendo de los seres humanos, en los animales, incluso una más pequeña parte de su cerebro está sin usar. Cuando desciendes la escala más abajo, incluso una gran parte del cerebro de animales más pequeños está sin usar.

Si nosotros hubiéramos sido capaces de examinar el cerebro de Buda y de Mahavira, encontraríamos que su cerebro entero fue usado; ninguna parte estaba dormida. Toda su capacidad cerebral fue usada, y en ti sólo una pequeña parte es usada.

Ahora, a fin de que esa parte que no se utiliza se vuelva activa, tendrás que darte indicaciones; tendrás que hacer un esfuerzo. El yoga ha tratado de hacer que aquellas partes activas del cerebro trabajen en los chakras. El yoga es una ciencia, y vendrá un tiempo en que el yoga se convierta en la gran ciencia del mundo.

Como he dicho, centrando tu atención en estos cinco chakras y dando indicaciones a esas particulares partes de tu cuerpo, estos chakras llegarán a relajarse instantáneamente. Le darás al primer chakra la indicación de relajarse y simultáneamente imaginarás que los pies se relajan, y los pies *se* relajarán. Entonces, te moverás hacia arriba. Le indicarás al segundo chakra, cerca del ombligo, que se relaje, y todos los órganos alrededor del ombligo se relajarán. Luego te moverás hacia arriba, e indicarás al tercer chakra, cerca del corazón, que debe relajarse, y todo el complejo cercano al corazón se relajará. Y de nuevo te moverás hacia arriba e indicarás al cuarto chakra, entre los ojos, que debe relajarse, y todos los músculos de tu cara se relajarán. Muévete hacia arriba todavía más, y sugiérele al quinto chakra que debe relajarse, y todo lo que está dentro de tu cerebro llegará a estar relajado y en silencio.

Mientras más completas estés dando las indicaciones, más completo será el suceso. Después de practicarlas continuamente por algunos días, empezarás a ver los resultados.

No temas si no sientes resultados inmediatamente. Si nada pasa rápidamente, no hay necesidad de sentirse ansioso. Incluso si toma muchas vidas al que está sediento por descubrir el alma, esto no es mucho tiempo. Nos toma años aprender sólo cosas ordinarias. Así que haciendo estos experimentos con total determinación, paciencia y silencio, los resultados están asegurados.

Relajarás el cuerpo dándole indicaciones a esos cinco chakras. Entonces, cuando te diga que relajes tu respiración, deja que se relaje. Y te diré que tu respiración se está volviendo silenciosa… Entonces, da la indicación. Finalmente, te diré que tus pensamientos están desapareciendo y la mente se llegará a vaciar.

Éste será nuestro experimento de meditación. Pero antes de esta meditación, daremos estas recomendaciones por dos minutos, y antes de dar estas recomendaciones por dos minutos, haremos las resoluciones cinco veces.

Ahora empezaremos la meditación nocturna. Todos tienen que recostarse para esta meditación. Sólo se puede hacer recostado. Así que haz espacio para ti. Nos sentaremos y haremos la resolución, haremos las recomendaciones y, entonces, nos recostaremos.

Capítulo 8
La verdad: tu derecho natural

Mis muy amados:

Alguien ha preguntado:
¿qué es la verdad? ¿Es posible conocerla parcialmente?
Y, si no, entonces, ¿qué puede hacer uno para alcanzarla?
Porque no es posible para todas las personas ser un sabio.

Primero, cada persona tiene el potencial de llegar a ser sabio. Es un asunto diferente si alguien no transforma este potencial en una realidad. Es un asunto diferente si una semilla es incapaz de convertirse en árbol, aunque cada semilla tiene la capacidad intrínseca de llegar a ser un árbol. Cada semilla tiene este potencial. Que no llegue a ser uno es un asunto totalmente diferente. Si no es fertilizado, no encuentra tierra, no consigue agua o luz, la semilla morirá; eso es posible, pero la semilla tenía el potencial.

Todas y cada una de las personas tienen el potencial de llegar a ser sabio. Es por ello que, primero que nada, debes desechar esta idea de tu mente, de que llegar a ser iluminado es el privilegio especial de sólo algunas personas. Llegar a ser un iluminado no es el derecho de ninguna persona especial. Y la gente que ha diseminado esta idea está sólo alimentando su ego. Si alguien dice que es muy difícil llegar a ser iluminado y es sólo posible para unas cuantas personas, esto nutre su ego. Ésta es sólo una manera en que algunas personas llenan su ego. De otra manera, cada uno tiene el potencial de ser un sabio, porque hay espacio y oportunidad para cada uno de experimentar la verdad.

Dije que es otra cosa si tú no lo experimentas. Para ello, sólo tú serás responsable, tu potencial no será responsable. Todos los que estamos sentados aquí tenemos el poder de levantarnos y caminar, pero si no caminamos y nos vamos a sentar, ¿entonces qué? Tú descubres tus poderes al hacerlos activos; no los conoces hasta que los usas.

Justo ahora estás sentado aquí, y nadie sabe que tienes la capacidad de caminar. Y si miras en tu interior, incluso tú no serás capaz de localizar esta capacidad para caminar. No serás capaz de encontrarla. Sólo lo sabrás si tienes la capacidad de caminar después de que trates de caminar. Y sólo después de que atravieses el proceso de tratar de llegar a ser iluminado sabrás si tienes el potencial o no. Aquellos que no tratan definitivamente sentirán que sólo algunas personas tienen este potencial. Esto es un error.

Así que la primera cosa que tienes que entender es que alcanzar la verdad es el derecho de cada uno, es el derecho natural de cada uno. A este respecto, nadie tiene derechos especiales.

Y la segunda cosa que ha sido preguntada es: "¿Qué es la verdad? ¿Es posible conocerla parcialmente?".

La verdad no se puede conocer parcialmente, porque la verdad es una. No puede ser partida en partes. Esto significa que no es posible para una persona conocer un poco de verdad ahora, después un poco más y después un poco más. Esto no pasa así. La verdad se experimenta como una. Esto significa que no es un proceso gradual. Esto se experimenta totalmente, es experimentada en una explosión. Pero si digo que sólo se puede conocer totalmente, te sentirás aprensivo, porque te sientes muy débil: ¿cómo puede ser posible que la conozcas totalmente?

Cuando un hombre sube al techo de la casa, lo alcanza de una sola vez; aun así, él ha subido los escalones uno por uno. Él no alcanza el techo en un solo paso. Cuando está en el primer paso, no está en el techo, y cuando está en el último paso, aún no está en el techo; él comienza a acercarse al techo, pero todavía no está en él.

Es posible acercarte a la verdad gradualmente, pero cuando llegas a la verdad, esto es total. Esto significa que puedes gradualmente acercarte a la verdad, pero el logro de alcanzar la verdad es total, nunca es en partes. Nunca es en fragmentos, recuerda esto.

Así que la introducción a la meditación que te he dado es un juego de pasos: no conocerás la verdad a través de ellos, pero te acercarás a la verdad a través de ellos. Y en el último paso que he llamado *vacío de las emociones*, cuando saltes más allá de este vacío de las emociones, también experimentarás la verdad. Pero, entonces, la verdad es conocida en su totalidad.

La experiencia de la divinidad no viene en fragmentos, sucede como un todo. Pero el camino para llegar a la divinidad es dividido en muchas partes. Recuerda esto: el camino para llegar a la divinidad es dividido en partes, pero la verdad por sí misma no está en partes. Así que no pienses: "¿Cómo una persona tan débil como yo soy puede conocer toda la verdad? Yo sólo puedo ser capaz de conocerla si puedo hacerlo paso a paso".

No, también serás capaz de conocerla, porque tú sólo necesitas caminar en el camino por una corta distancia a un tiempo. No es posible recorrer todo lo largo del sendero de una sola vez; tienes que caminar un poco a la vez. Pero el destino es siempre alcanzado como un todo; nunca lo obtendrás en partes; recuerda esto.

Alguien ha preguntado:
¿qué es la verdad?

No hay forma de decirlo en palabras. Hasta hoy, ha sido imposible decirlo en el lenguaje humano y nunca será dicho en el futuro tampoco. No es que en el pasado no tuviéramos un lenguaje lo suficientemente rico para decirlo y que seremos capaces de decirlo en el futuro. Nunca será dicho.

Hay una razón para ello. Las lenguas se desarrollan con el propósito de comunicarse con las personas, no son creadas para expresar la verdad. Y es improbable que cualquiera de las personas que creó el lenguaje haya conocido la verdad. Esto es porque no hay palabra para la verdad suprema. Y la gente que conocía la verdad, no la conoció a través del lenguaje; la conoció a través del silencio. Esto significa que cuando ellos experimentaron la verdad estaban totalmente en silencio; ninguna palabra existía ahí. Así que hay un problema: cuando ellos comenzaron a hablar sobre ella después de la experiencia, encontraron un punto: la verdad, que no tenía forma de describirse. No es posible crear palabras para ella. Y cuando creaban palabras, las palabras estaban incompletas. Se quedaban cortas.

Y sobre la base de estas solas palabras, los conflictos surgieron, ¡basados en esas mismas palabras! Porque todas las palabras son inadecuadas, son incapaces de expresar la verdad. Sólo son como pistas. Es como si alguien estuviera apuntando su dedo hacia la luna, y si nosotros tomamos su dedo pensando que éste es la luna, entonces, estaremos en problemas. Tienes que dejar de lado el dedo para que la cosa a la que está apuntando se haga visible. Tienes que abandonar las palabras, y sólo entonces tendrás un atisbo de la verdad.

Es por ello que no hay forma para mí de decirte qué es la verdad. Y si alguien asegura que te lo dirá, se está engañando a sí mismo. Si alguien te dice esto, se está engañando a sí mismo y a ti. No hay forma de describir la verdad. Sí, hay una forma de decirte cómo se experimenta la verdad. El método para conocer la verdad, el proceso, puede ser descrito, pero lo que la verdad es no puede ser dicho.

Hay métodos para alcanzar la verdad, pero no hay definiciones de la verdad. Durante estos tres días he discutido estos métodos, y tú puedes sentir que hemos ignorado completamente la verdad por sí misma. He hablado acerca de la verdad, pero en realidad nunca he dicho lo que es la verdad.

No, no puede ser dicho, sólo se puede experimentar. La verdad no puede ser descrita, pero puede experimentarse; y ésta será *tu* experiencia. El método puede ser dado, pero la experiencia de la verdad será propia. La experiencia de la verdad es siempre individual y no es posible transmitírsela a los otros.

Así que éste es el porqué no te diré qué es la verdad. No es porque quiera esconderte algo, sino porque no puede ser dicha. En épocas pasadas, durante el tiempo de los Upanishads, siempre que alguien iba con un sabio y preguntaba: "¿Qué es la verdad?", el sabio miraba duramente a la persona.

De nuevo, la persona preguntaría: "¿Qué es la verdad?". Entonces, ella preguntaría por tercera vez: "¿Qué es la verdad?".

Y el sabio podría decir: "Te digo una y otra vez, pero tú no entiendes".

La persona podría decir: "¿Qué estás diciendo? Te he preguntado tres veces, y esas tres veces te has quedado en silencio. ¿Y tú dices que me lo has dicho una y otra vez?".

Entonces el sabio podría decir: "Hubiera deseado que fueras capaz de entender mi silencio, porque entonces entenderás lo que es la verdad".

El silencio es la única manera de decirlo. Aquellos que han conocido la verdad se han quedado en silencio. Cuando se habla de la verdad, ellos se quedan en silencio. Si tú puedes quedarte en silencio, la puedes conocer. Si no te quedas en silencio, no serás capaz de conocerla.

Puedes conocer la verdad, pero no puedes hacer que otra persona la conozca. Ésta es la razón por la que no diré qué es la verdad; porque no puede ser dicha.

Alguien ha preguntado:
¿las acciones de una persona están atadas al resultado de
las acciones de muchas vidas y, si es así, qué es dejado en
las manos de los individuos en esta vida?

La pregunta es: "Si nosotros somos controlados por nuestras acciones en el pasado y la evaluación de nuestras vidas pasadas,

¿qué podemos hacer ahora?". Esto puede ser preguntado correctamente. Si es verdad que una persona está absolutamente atada por sus acciones pasadas, entonces, ¿qué está en sus propias manos? ¿Qué puede hacer en el presente? Y si es verdad que no está en absoluto atada por sus acciones del pasado, entonces, ¿para qué hacer algo? Porque si no está atada por lo que hizo en el pasado, mañana no estará atado por lo que sea que haga ahora. Así que si hace algo bueno hoy, no habrá posibilidad de beneficiarse de los buenos hechos de ayer. Y si está absolutamente atada por sus acciones del pasado, no tendrá significado nada que haga, porque no puede hacer nada, estará totalmente atada.

Por otro lado, si es totalmente libre, nada que se haga tendrá sentido, porque lo que sea que haga mañana, será libre de ello, y sus acciones pasadas no la afectarán. Es por eso que el hombre no está ni completamente atado ni es completamente libre: una de sus piernas está atada y la otra es libre.

Hace tiempo alguien le preguntó a Hazrat Ali:

—¿Es el hombre libre o está atado por sus acciones?

Ali dijo:

—Levanta una de tus piernas.

El hombre era libre de levantar cualquiera de sus piernas, la izquierda o la derecha. Levantó su pierna izquierda. Entonces Ali dijo:

—Ahora, levanta la otra.

Pero el hombre replicó:

—¿Estás loco? No puedo levantar la otra ahora.

Ali preguntó:

—¿Por qué?

Y el hombre respondió:

—Sólo puedo levantar una a la vez.

Ali dijo:

—Es el mismo caso con la vida del hombre. Siempre tienes dos piernas, pero eres capaz de sólo levantar una a la vez; una está siempre atada.

Es por ello que existe la posibilidad de liberar la pierna que está atada con la ayuda de la pierna que es libre de moverse. Pero siempre existe la posibilidad de atar la que está libre con la ayuda de la que está atada.

Lo que sea que hayas hecho en el pasado, lo has hecho. Eres libre de hacerlo; lo has hecho. Parte de ti se ha paralizado y está atada, pero otra parte de ti está todavía libre. Eres libre de hacer lo opuesto a lo que hiciste. Puedes cancelar lo que hiciste antes haciendo lo opuesto. Puedes destruirlo haciendo algo diferente. Puedes eliminarlo haciendo algo mejor. Está en las manos del individuo lavar todas sus condiciones pasadas.

Hasta ayer estabas enojado; eras libre de estar enojado. Ciertamente, alguien que ha estado enojado todos los días por los últimos veinte años, estará atado por su enojo. Por ejemplo, hay dos personas: una, que ha estado continuamente enojada por veinte años, se levanta un día en la mañana y no puede encontrar sus pantuflas debajo de la cama; otra, que no ha estado enojada en veinte años, también se levanta de la cama en la mañana y no encuentra sus pantuflas debajo de la cama. En esta situación, ¿cuál de las dos es más probable que se enoje? El enojo surgirá en el primer hombre, el hombre que ha estado enojado por veinte años.

En este sentido, él está atado, porque el hábito de veinte años de enojarse surgirá inmediatamente en él cuando algo no suceda de la forma que él quiere que suceda. Él está atado en el sentido de que veinte años de condicionamiento han hecho que se sienta inclinado a hacer la misma cosa que siempre ha hecho. Pero, ¿está tan atado que no hay posibilidad de que no se enoje?

No, nunca nadie está tan atado. Si puede llegar a ser consciente justo en ese momento, puede pararlo. Es posible no permitirle al enojo que venga. Es posible transformar el enojo. Y si lo hace, el hábito de veinte años puede probar que es un problema, pero no será capaz de detenerlo completamente, porque si el que ha creado el hábito se mueve en su contra, entonces tendrá la libertad de destruirlo completamente. Sólo por experimentar con ello una docena de veces, puede ser libre de ello.

Las cadenas te atan, pero intrínsecamente existe la posibilidad de romperlas. Si hay una cadena que no puede ser rota, no serás capaz de llamarla *cadena*. Sólo lo que te ata, pero que puede ser roto, puede ser llamado *cadena*. Tus acciones son cadenas en el sentido de que esas cadenas también pueden ser rotas. La conciencia de uno siempre es libre. Tú eres siempre libre de volver sobre los pasos que has tomado y el camino por el que has caminado.

Así que el pasado te está restringiendo, pero tu futuro es absolutamente libre. Una pierna está atada y la otra es libre. La pierna del pasado está atada; la pierna del futuro es libre. Si quieres, puedes levantar esta pierna del futuro en la misma dirección en que la pierna del pasado está atada. Entonces seguirás atado. Si quieres, puede levantar la pierna del futuro en la dirección opuesta a la pierna del pasado, y conseguirás ser libre. Está en tus manos. El estado en el que las dos piernas están libres es llamado *moksha*: iluminación. Y la más profunda y total clase de infierno es el estado en el que ambas piernas están atadas.

Por esta razón no hay necesidad de atemorizarse del pasado o de las vidas pasadas, porque alguien que ha realizado estas acciones es todavía libre de realizar otras.

Alguien ha preguntado:
¿quién es el que piensa después de llegar a ser un testigo?

Cuando eres un testigo, no hay ningún pensamiento. En el momento en que piensas en algo, no eres más un testigo. Estoy en el jardín y me convierto en un testigo de la flor, estoy mirando la flor; si sólo estoy mirando, soy un testigo, y si comienzo a pensar, entonces no soy un testigo. En el momento en que comienzo a pensar, la flor no estará más ahí, ante mis ojos; la corriente de pensamiento se quedará entre la flor y yo. Cuando miro la flor y digo: "La flor es hermosa", en el momento en que mi mente dice que la flor es hermosa, no estoy mirando la flor. Porque la mente no hace dos cosas al mismo tiempo, una fina cortina se pone en medio. Y si comienzo a pensar: "He visto antes esta flor; esta flor me es familiar", esta flor desaparecerá de mis ojos. Ahora sólo estoy imaginando que la estoy viendo.

Hace tiempo, lleve a un amigo, que había venido de muy lejos, a dar un paseo en bote por el río. Apenas había regresado de muy lejanos países. Había visto muchos ríos y lagos. Cuando lo llevé en el bote en una noche de luna llena, comenzó a hablar de los lagos en Suiza y de los lagos en Kashmir. Después de una hora, cuando regresábamos, me dijo:

—El lugar al que me llevaste es realmente hermoso.

Le dije:

—Estás mintiendo. Ni siquiera viste el lugar. Sentí que todo el tiempo estuviste en Suiza o en Kashmir, pero no estuviste presente en el bote donde estuvimos sentados. Y ahora quiero decirte esto: cuando estuviste en Suiza, debiste haber estado en otro lugar. Y cuando estuviste en Kashmir, tú no puedes haber estado en el lago del cual hablaste. No sólo estoy diciendo que no viste el lago al que te llevé. Te estoy diciendo que no debiste haber visto ninguno de esos lagos.

El velo de tus pensamientos no te permite ser un testigo. Tus pensamientos no te permiten ser un testigo. Pero cuando abandonas los pensamientos, cuando comienzas a separarte de tus pensamientos, entonces te conviertes en un testigo. La ausencia de pensamientos te hace un testigo. Pero, mientras te estoy diciendo que llegues a ser un testigo, tú estás preguntando: "¿Quién está pensando?".

No, no hay nadie que esté pensando; está sólo el testigo, y el testigo es tu interior. Si estás en un estado de total atestiguamiento, donde no surgen los pensamientos, donde ninguna ola de pensamientos surge, entonces entrarás en tu interior. De la misma manera, cuando no hay olas en el océano, ningún movimiento, entonces, su superficie llega a ser silencio y eres capaz de ver más allá de la superficie.

El pensamiento es una ola, el pensamiento es un trastorno y el pensamiento es agitación. Tú alcanzas el atestiguamiento cuando has perdido la agitación del pensamiento. Cuando estás atestiguando, nadie está pensando. Si piensas, no estás más atestiguando. Pensar y atestiguar es una contradicción.

Es por esto que hemos hecho tal esfuerzo absoluto para entender este método de meditación. De hecho, hemos estado haciendo experimentos para abandonar el pensamiento. Y en el experimento que hemos hecho aquí, tú has tenido pensamientos muy débiles, de tal modo que llegues al estado donde no hay pensamientos y sólo el pensador esté ahí. Por el pensador me refiero al hombre que piensa; sólo él está presente, pero no está pensando. Y cuando no piensa, entonces ve lo que sucede. Trata de entender esto: pensar y atestiguar son dos cosas opuestas. Es por ello que antes dije que sólo la gente ciega piensa. Aquellos que tienen ojos, no piensan. Si no tengo ojos y quiero salir de esta casa, pensaré: "¿Dónde está la puerta?". Si no tengo ojos y quiero salir de esta construcción, pensaré: "¿Dónde está la puerta?". Pero si tengo ojos, ¿en qué pensaré al respecto? Veré la salida y me iré. Así que el punto es que, si tengo ojos, veré la salida, ¿por qué habría de pensar en ello?

La minoría puede ver; la mayor parte de la gente piensa. El mundo les llama *pensadores*, pero yo digo que están ciegos. Y mientras más gente pueda ver, menos gente piensa.

Mahavira y Buda no eran grandes pensadores. Oigo a mucha gente muy inteligente decir que ellos eran grandes pensadores. Esto es absolutamente erróneo. No fueron pensadores del todo, porque no estaban ciegos. En la India los llamamos *videntes, observadores*.

Es por esto que en la India llamamos a la ciencia de este método *darshan*, vidente. *Darshan* significa "ver". No la llamamos *filosofía*; filosofía y el *darshan* no son sinónimos. A menudo la gente llama al *darshan*, *filosofía*, pero eso es un error. Es erróneo llamar al *darshan* de la India *filosofía india*; no es filosofía del todo. *Filosofía* significa pensamiento, contemplación, reflexión. Y *darshan* significa dejar ir todo el pensamiento, la contemplación y la reflexión.

Ha habido pensadores en Occidente; Occidente tiene su filosofía. Ellos tienen pensamientos sobre lo que es verdad; ellos tienen *razonamiento* sobre esto. En la India no pensamos en lo que es la verdad; pensamos sobre cómo podemos experimentar la verdad. Es por eso que pensamos cómo abrir los ojos. Es por ello que todo nuestro proceso es uno, el de abrir los ojos. Todo nuestro trabajo es abrir los ojos.

La lógica se desarrolla sólo donde está el pensamiento. La conexión, la relación del pensamiento, es pensamiento lógico. Y la conexión, la relación del *darshan*, vidente, es a través del yoga.

Ninguna lógica se ha desarrollado en Oriente. No hemos amado del todo la lógica. La hemos considerado un juego, un juego de niños. Hemos buscado algo más: hemos buscado el *darshan*, al vidente, y alcanzar lo que hemos buscado hacia el yoga. El yoga es un proceso por el cual puedes abrir tus ojos y ver. Y ver, experimenta con ser un testigo. Los pensamientos se vuelven más débiles y llegará un momento en que haya no pensamiento. No estoy hablando de una falta de pensamientos, sino de un no pensamiento.

Hay una gran diferencia entre falta de pensamientos y no pensamiento. Alguien que está en un estado donde los pensamientos faltan, se encuentra por debajo del pensador, y alguien que está en un estado de no pensamiento, se encuentra mucho más alto que el pensador. Un estado donde no hay corriente de pensamientos en la mente es el estado del no pensamiento: la mente es silencio y la habilidad del testigo surge de ese silencio. El estado donde hay falta de pensamientos es donde uno no entiende qué hacer.

De modo que te estoy diciendo que entres en el estado de no pensamiento, no en el de una falta de pensamiento. La persona a quien le faltan pensamientos es alguien que no entiende.

Una persona en el estado de no pensamiento es alguien que no sólo entiende, sino que también es capaz de ser testigo. Y el testigo te llevará hacia el conocimiento, hacia tu alma interior.

Los experimentos que hemos hecho para despertar al testigo de la respiración o al de la meditación son simples, para activarte y que experimentes el momento en que tú estás presente, pero no tienes pensamientos. Si puedes experimentar ese momento puro, cuando estás ahí, pero no hay pensamientos, incluso por un momento, entonces habrás encontrado un muy raro tesoro en tu vida.

Muévete en esa dirección y haz un esfuerzo por lograrlo, y haz del momento en que tendrás conciencia, pero no pensamientos, tu gran anhelo.

Cuando la conciencia está vacía de pensamientos, experimentas la verdad. Y cuando la conciencia está llena de pensamientos, cuando la conciencia es reprimida, entonces no experimentarás la verdad. Precisamente como cuando el cielo está cubierto de nubes y el sol no es visible, de la misma forma, cuando la mente está cubierta con pensamientos, tu reino interior no es visible. Si quieres ver el sol, tendrás que dispersar las nubes y deshacerte de ellas, de modo que el sol pueda brillar desde detrás de ellas. También necesitarás deshacerte de los pensamientos de la misma forma, de modo que el reino interior pueda ser sentido y experimentado.

Esta mañana, cuando venía de la casa, alguien me preguntó:

—¿Es posible la iluminación en esta era?

Le dije:

—Sí, es posible.

La pregunta que hizo entonces fue:

—Si la iluminación es posible en esta era, entonces, ¿puedes decirme cuál es la pregunta que quiero hacerte?

Si crees que el significado de la iluminación es sólo tener la capacidad de decir cuál es la siguiente pregunta que vendrá, entonces, estás en un gran error. Habrás sido engañado por el encantador de serpientes, habrás sido engañado por un prestidigitador representando su acto en las calles por unos cuantos paisa. Por unos cuantos paisa, este prestidigitador puede decirte qué está en tu mente. Y si incluso una persona iluminada estuviera de acuerdo con esta idea, no sería una persona iluminada.

El significado de iluminación no es que eres capaz de decir qué hay en la mente de alguien. No has entendido su significado. *Iluminación* significa el estado de conciencia, donde no hay nada qué conocer, donde no hay nadie a quién conocer y sólo permanece el conocimiento puro.

Justo ahora, cada vez que conoces algo, hay tres cosas involucradas: la primera es el conocedor: quien conoce, luego está lo que conoce: el objeto, y luego está la relación entre estos dos: el conocimiento. Este estado de puro conocimiento, la iluminación, permanece reprimida por el conocedor y el objeto. *Iluminación* significa que el objeto ha desaparecido. Y cuando el objeto desaparece, ¿cómo puede haber un conocedor? Cuando el objeto desaparece, ¿el conocedor también desaparece? Entonces, ¿qué quedará atrás? Entonces, el conocimiento puro quedará atrás. En ese momento de conocimiento, te das cuenta de la última liberación. Así que la iluminación significa experimentar el conocimiento puro. Ésta es la verdad de la que todas las diferentes religiones han hablado. Por tanto, las diferentes religiones tienen una palabra para la verdad. Lo que Patanjali ha llamado *samadhi*, Jainas lo ha llamado *keval gyan*, el conocimiento supremo, y Buda lo ha llamado *pragya*.

Iluminación no significa que puedas decir qué hay en la cabeza de alguien. Eso es una cosa muy sencilla. Ésa es sólo ordinaria telepatía, lectura del pensamiento; no tiene nada qué ver con la iluminación. Y si eres realmente curioso para querer saber qué es lo que está pasando en la cabeza de alguien más, puedo decirte cómo descubrir qué hay en la mente de la persona que está sentada a tu lado. No te diré qué hay en tu mente, pero puedo decirte cómo saber qué es lo que hay en la mente de alguien más: eso será muy fácil.

En el experimento de meditación haces la resolución de la que he hablado, donde exhalas todo tu aliento y esperas por un momento sin aspirar; de la misma manera, cuando vayas a casa, trata de hacer este experimento con un niño por tres o cuatro días, y entenderás a lo que me refiero: exhala completamente y ten al niño sentado frente a ti, y cuando no haya aliento en tu interior, entonces, con absoluta determinación, con tus ojos cerrados, trata de ver lo que está pasando por la mente del niño. Y dile al niño que piense en algo pequeño... el nombre de una flor. No le digas al niño en cuál, sólo pídele que él, por sí mismo, piense en el nombre de la flor. Entonces, cierra tus ojos y suelta tu aliento, fortalece la determinación de ver lo que está pasando en su mente.

En dos o tres días serás capaz de verlo. E incluso si eres capaz de ver sólo una palabra, no importa, porque entonces puedes ver también oraciones. Es un largo proceso.

¡Pero no pienses que eso significa que has alcanzado el conocimiento supremo! No tiene nada qué ver con el conocimiento supremo. Éste es conocimiento acerca de la mente, cuando eres capaz de leer lo que sucede en la mente de alguien más. Y para esto no hay necesidad de ser religioso y no hay necesidad de ser un santo.

Hay mucho trabajo que se ha hecho sobre esto en Occidente. Hay muchas sociedades de psíquicos que están trabajando con telepatía y con la lectura del pensamiento, y que han desarrollado un sistema científico. Dentro de un siglo, o aun en medio siglo, cada médico será capaz de usarlo, cada profesor será capaz de usarlo. Cada vendedor lo usará para conocer las preferencias de sus clientes y será usada para explotar a la gente.

Esto no tiene nada que ver con el conocimiento supremo, es una simple técnica. Pero la técnica no es conocida por mucha gente, y es por eso que piensas que es algo extraordinario. Si experimentas un poco, te sorprenderás y podrás incluso ser capaz de entender algo. Pero esto no es iluminación. Iluminación es un asunto muy diferente.

Iluminación significa experimentar el último estado del conocimiento puro. En ese estado experimentarás la inmortalidad y lo que he llamado *satchitanand*: verdad-conciencia-dicha.

Un amigo ha preguntado:
¿es posible entrever lo supremo sin la iluminación?

No, no es posible. La iluminación es sólo una puerta. Es como si alguien hubiera preguntado si es posible entrar a esta casa sin una puerta. Entonces, ¿qué dirías? Dirías que no es posible. E, incluso, si él lo hiciera rompiendo la pared, tú aún llamarías *entrada* a ese hoyo en la pared, lo llamarías *puerta*. Sin importar cómo entres, tendrá que ser a través de una puerta. Si eres inteligente, entrarás por la puerta; si no eres inteligente, harás un hoyo en cualquier parte de la pared.

Excepto la iluminación, no hay otra manera. La iluminación es la puerta a lo supremo, a la verdad. Y sin una puerta, no veo cómo puedes entrar; nadie ha entrado sin una puerta.

Recuerda esto, y no creas que lo supremo será posible sin *samadhi*. La mente es como esto: tiene la esperanza de que hay una manera más sencilla. Lo que sugiere que hay un sendero en el que no tienes que caminar por ti mismo. Pero, tienes que caminar en tu sendero. Eso es lo que un sendero significa, que lo eriges al caminar en él. Tú quieres que haya una puerta por la que no tengas que atravesar y, aun así, llegar al destino. Pero no hay ninguna puerta que te conduzca a algún lado a menos que la atravieses.

Nada más que la mente tiene muchas debilidades. Una de las debilidades de la mente es que quieres obtener algo por nada. Especialmente cuando se trata de experimentar lo supremo, tienes la idea de que sólo es digno de ser considerado si puedes obtenerlo sin hacer nada por ello. Y, en realidad, aun si alguien estuviera listo para dártelo por nada, deberás pensar dos veces si lo aceptas o no.

Hace tiempo hubo un *sadhu*, un monje de Sri Lanka, y todos los días tenía que hablar acerca de la iluminación, sobre el nirvana, sobre *samadhi*. Algunos lo habían estado escuchando por años.

Un día, un hombre se levantó y le dijo.

—Quiero preguntarte, muchas personas te han escuchado por largo tiempo, ¿alguna de ellas ha llegado a iluminarse?

El monje dijo:

—Si eso es lo que estás preguntando, hagamos de ti un iluminado hoy. ¿Estás listo? Si estás listo, entonces será mi verdad que tú serás iluminado hoy.

Pero el hombre dijo:

—¿Hoy? Déjame pensarlo un poco. Algún día... Algo así como ¿hoy? Déjame pensarlo un poco. Volveré y te diré.

Si alguien te dice que puede presentarte con Dios justo en este momento, no creo que tu mente dijera de inmediato *sí*. Tu mente comenzaría a pensar en ello. Y te estoy hablando sobre la verdad, y tu mente comenzará a pensar si conocerla o no. Aun si pudieras conocer a Dios sin nada a cambio, lo pensarías antes. Cuando estás pagando un precio por algo, es muy natural pensarlo; pero la mente siempre quiere algo gratis. Lo que parezca no tener un valor para tu mente, lo quieres gratis. Lo que sea que parezca tener un valor para tu mente, pagarás un precio por ello.

Si te importa siquiera un poco experimentar lo divino, sentirás que estás listo para dar todo por ello. Si tienes que dar todo por sólo un atisbo de lo divino, estarás listo para hacerlo.

Alguien ha preguntado: "¿Es posible entrever lo supremo sin la iluminación?". No, no es posible. Esto no es posible sin un esfuerzo. Esto no es posible sin determinación. Esto no es posible sin tu total compromiso y devoción.

Pero este tipo de gente débil le da a la gente maliciosa una oportunidad de explotarla. Un tipo de explotación religiosa recorre todo el mundo. Alguna gente te dirá que puedes obtener lo que quieras con sus bendiciones: "Venérame, cae a mis pies, recuerda mi nombre, ten fe en mí y lo conseguirás todo". Y debido a que la gente es débil, cree esto, y desperdicia su vida tocando sus pies. No ganarás nada de esta manera; es sólo explotación.

Ningún gurú puede darte la iluminación. Él puede enseñarte el camino para llegar a ella, pero tendrás que recorrer el sendero por ti mismo. Ningún gurú puede caminar por ti; nadie en este mundo puede caminar por otro. Tus propias piernas te hacen caminar, y tú tienes que caminar en tus propias piernas. Y si alguien dice —y hay muchos que lo hacen—: "Queremos sólo una cosa de ti: que tengas fe en nosotros y nosotros haremos el resto…", te está explotando. Y porque eres débil, le permites explotarte.

Y la hipocresía religiosa que hay en el mundo existe más debido a tu debilidad que por los hipócritas. Si no fueras débil, ninguna hipocresía religiosa tendría ninguna oportunidad. Si el hombre tuviera sólo un poco de fuerza y coraje, si sintiera siquiera un poco de orgullo y respeto por su vida, y alguien le dijera: "Conseguiré la divinidad para ti a través de mis bendiciones", él diría: "Perdóname, pero eso sería un gran insulto". De hecho, él podría decir: "¿Puede haber mayor insulto para mí que la idea de que yo debiera alcanzar lo supremo a través de *tus* bendiciones?".

Y lo que te es dado por alguien como un favor, puede serte quitado así de fácil. ¿Qué has ganado cuando lo que te ha sido dado como un favor puede serte quitado con la pérdida de ese favor? Y una iluminación que puede ser dada y quitada, una iluminación que te puede ser dada por alguien más, simplemente sería una decepción.

Nadie en este mundo puede dar verdad e iluminación a nadie más. Tú tienes que experimentarla a través de tu propio esfuerzo y devoción. Así que no lo pienses ni por un momento, porque tu debilidad probará ser fatal para ti. Y no sólo te destruirá, también hará posible que los hipócritas, los impostores y los falsos gurúes se multipliquen. Ellos son falsos, ellos no tienen ningún valor, y lo que es más, ellos son peligrosos y destructivos.

Alguien ha preguntado:
¿en qué podría transformarse la energía del ego?

Te he dicho que si la energía del enojo surge en ti, puedes transformarla en creatividad. También te he dicho que si es energía sexual, también puede ser transformada. El ego no es una energía de la misma forma en que lo son las energías del enojo, del sexo y del odio. El ego no es una energía en ese sentido. El enojo surge a veces, la urgencia de sexo está ahí sólo a veces, también el odio atrapa tu conciencia sólo a veces. El ego no sólo existe a veces: hasta que estés iluminado, siempre está contigo. No es una energía; es tu estado. Trata de entender la diferencia.

El ego no es una energía, es tu estado del ser. No viene y se va; siempre está contigo, está detrás de todas tus acciones. Es tu estado. Muchas cosas llegan por él, pero el ego, por sí mismo, siempre está ahí. El enojo surge por el ego. Si eres un egoísta, te enojarás más. Si eres un egoísta, estarás más ávido de fama, más ávido y hambriento de poder. Si eres egoísta, estas cosas surgirán en ti debido al ego. El ego es el estado de tu conciencia, y mientras más ignorancia exista, hay ego. Pero cuando el conocimiento surge, el ego desaparece, y en su lugar experimentas tu ser.

El ego es una cubierta invisible alrededor de tu ser. El ego es un velo que rodea al ser. No es energía, es ignorancia. Muchas energías surgen por esa ignorancia, y si las usas de una manera destructiva, el estado del ego se vuelve más fuerte. Pero si usas estas energías en un forma creativa, la fortaleza del ego se irá debilitando, el estado del ego se volverá débil. Si todas tus energías son usadas de una forma creativa, un día, el ego desaparecerá. Y cuando el humo del ego desaparece, detrás de él te encontrarás con la flama de tu ser.

El humo del ego rodea la flama de tu alma. Cuando la inconsciencia se aclara, cuando el humo del ego se dispersa, cuando todas las capas del "yo" desaparecen, entonces experimentas la profundidad.

Ramakrishna acostumbraba contarnos una historia: hace tiempo, una estatua hecha de sal fue a una feria en la orilla del mar. Y en la orilla del mar vio que el mar era infinito. En el camino, alguien preguntó:

—¿Cuán profundo es?

Y la estatua dijo:

—Iré y lo descubriré.

Así que saltó al agua. Muchos días pasaron y muchos años pasaron, y la estatua nunca regresó. Ella había dicho: "Iré y lo descubriré", pero era una estatua hecha de sal. En el momento en que saltó al océano, la sal se disolvió y desapareció, y nunca descubrió el fondo del océano.

El "yo" que busca la divinidad en las profundidades del océano, desaparece en la búsqueda. Es sólo una estatua hecha de sal, no energía.

Así que cuando te embarques en tu búsqueda de lo divino, comienza con la idea "voy a encontrar lo divino". Pero a medida que vas en su búsqueda, te darás cuenta de que lo divino está "en ninguna parte" para ser encontrado y el buscador también desaparecerá. Vendrá un momento cuando "yo" llegue a estar totalmente vacío, y entonces descubrirás que has encontrado la divinidad.

Eso significa que el "yo" nunca encontrará la divinidad. Cuando el "yo" no está ahí, entonces, sólo está la divinidad. Pero siempre que el "yo" esté ahí, la divinidad nunca podrá ser encontrada. Es por eso que Kabir dijo: "El sendero del amor es muy angosto: no puede haber dos en él".

Tampoco puede haber tú o la divinidad. Y, siempre que tú estés ahí, no puede estar la divinidad. Y cuando desapareces, la divinidad es.

El ego es la única ignorancia. Y haces mal uso de muchas de tus energías debido a esta ignorancia. Si las usas correctamente, el ego no será nutrido y lentamente, lentamente, desaparecerá.

Así que si pruebas lo que he llamado los tres experimentos para la purificación de la vida: la purificación del cuerpo, la purificación de los pensamientos y la purificación de las emociones, si tú vas y haces esos tres experimentos, un día encontrarás que el ego ha desaparecido. El enojo no desaparecerá; el ego desaparecerá. La energía del enojo estará ahí con nuevas formas, pero el ego no estará ahí. Cuando el ego desaparece, ninguna huella se deja atrás. El enojo o el sexo no desaparecen, son transformados. Estarán presentes en una diferente forma. La energía del enojo se quedará, pero tomará una forma diferente. Es posible que se convierta en compasión; pero la energía será la misma.

Y cuando la energía de la gente que tiene muy mal carácter es transformada, se llena con una cantidad igual de compasión, porque la energía toma una nueva forma. La energía no es destruida; simplemente toma una nueva forma.

Dije antes que la misma gente que es muy sexual es la gente que experimenta realmente el celibato, porque la misma energía sexual es transformada y se convierte en celibato para ellos. Pero cuando el ego desaparece, no cambia, porque en primer lugar sólo estuvo la ignorancia. No hay duda de su transformación: fue sólo una ilusión. Es como si alguien en la oscuridad cree que una cuerda es una serpiente, pero cuando la ve de cerca, se da cuenta de que en realidad es una cuerda. Entonces, si le preguntas: "¿Qué fue de la serpiente?", él dirá: "Nada fue de la serpiente. Nunca fue una serpiente.". No hay duda de si ha cambiado en algo más.

De la misma manera, el ego es el resultado de un mal entendido acerca de tu ser. Es una ingenua percepción del ser. Creer que el ego es el ser es lo mismo que creer que la cuerda era una serpiente. Mientras más cerca estés de tu ser, encontrarás que el ego no existe. Así que no se transforma en nada más; no hay duda de una transformación, porque, ¡simplemente no existe! Fue sólo una ilusión que surgió para estar ahí. El ego es ignorancia, no energía. Pero si hay ignorancia, esto causa que uses incorrectamente tus energías. Lo que sucede en la ignorancia es el mal uso de tus energías.

Así que recuerda, el ego no cambiará; no habrá transformación. El ego simplemente desaparecerá. No es energía en ese sentido.

Y la última pregunta:
¿por qué es necesario para el alma llegar a fundirse con la existencia?

Sería mejor si hubieras preguntado: "¿Cuál es la necesidad del alma de desaparecer en la dicha?". Sería mejor si hubieras preguntado: "¿Cuál es la necesidad del alma de llegar a estar sana?". Sería mejor si hubieras preguntado: "¿Cuál es la necesidad del alma de salir de la oscuridad hacia la luz?".

La única necesidad para el alma de ser disuelta en lo divino es que la vida nunca puede ser colmada a través del dolor y del sufrimiento. En otras palabras, el sufrimiento siempre es inaceptable para la vida. La vida siempre desea dicha. Y sufrir es estar separado de lo divino. Cuando llegas a ser uno con lo divino, la vida se convierte en dicha.

Así que no es cuestión de si Dios o la divinidad, es cuestión de que te eleves sobre el sufrimiento hacia la dicha, de ir de la oscuridad hacia la luz de tu interior. Pero si sientes que no hay necesidad, entonces estás satisfecho con tu sufrimiento.

Aunque nadie puede estar satisfecho de sentirse miserable. La desgracia, por su propia naturaleza, te aleja de ti mismo; la dicha, por su propia naturaleza, te jala hacia ti mismo. El mundo es aflicción, la divinidad es dicha. La necesidad de fundirse con la divinidad no es una necesidad religiosa; la necesidad de fundirse con la divinidad es una necesidad fundamental.

De modo que puede suceder que alguien le diga *no* a Dios, pero ninguno le dirá *no* a la felicidad. Es por ello que digo que no hay algo así como un ateo. Sólo quien rechaza la felicidad puede ser ateo. Todos en este mundo son teístas —un teísta en el sentido de que cada persona está sedienta de felicidad.

Hay dos clases de teístas: uno es el teísta mundano, el otro es el teísta espiritual. Uno cree en el mundo, que encontrará dicha a través del mundo. El otro cree que sólo en el terreno de lo espiritual conocerá la dicha. La gente a la que llamas *ateísta* es teísta en sus actitudes hacia el mundo; su misión también es por la felicidad. Ellos también están buscando la dicha. Y hoy o mañana, cuando se den cuenta de que no hay dicha en este mundo, no habrá otra alternativa para ellos, sino llegar a ser curiosos sobre lo espiritual.

Tu búsqueda es por la felicidad. Ninguna búsqueda es por lo divino; tu misión es por la felicidad. La felicidad es divinidad. Yo le llamo el estado de la total dicha, *divinidad*. En el momento en que estás en un estado de total dicha, tú eres la divinidad. Esto significa que en el momento en que no hay deseo en ti, llegas a ser divino. La total felicidad implica que ningún deseo permanece. Si todavía hay algún deseo, también habrá algo de aflicción. Cuando no hay más ningún deseo, estás en total dicha; y sólo entonces, eres uno con la existencia.

Has preguntado: "¿Cuál es la necesidad de ser uno con la divinidad?". Te lo pondré de esta manera: hay una necesidad de ser uno con la divinidad, porque tienes necesidades. El día que no tengas necesidades, no habrá más ninguna necesidad de ser uno con la divinidad: te habrás convertido en la divinidad.

Cada persona quiere ser liberada de sus necesidades. Anhela un momento de libertad, en el que no esté atado a ninguna necesidad, en el que sólo esté atado al infinito; en el que no haya nada por ser alcanzado. Nada puede ser quitado y nada puede ser dejado detrás. Lo sin límites y la infinidad es Dios.

Dios no es alguien sentado allá arriba en alguna parte, que puedes ser capaz de ver y que te bendecirá, y a los pies de quien te sentarás y con quien te divertirás en el Cielo. No existe tal Dios en ninguna parte. Y si estás buscando a ese Dios, estás bajo una ilusión. Nunca encontrarás a ese Dios. Hasta ahora, nadie ha sido capaz de encontrar a ese Dios.

Dios es el estado último de la felicidad de tu conciencia. Dios no es una persona, sino una experiencia. Así que nunca estarás cara a cara con Dios en el sentido de que lo encuentres o lo veas; un encuentro en el cual él está frente a ti y tú lo estás mirando. Todo eso que has estado buscando es imaginación. Cuando toda la imaginación y los pensamientos hayan desaparecido de la conciencia, repentinamente, llegarás a ser consciente de que eres una simple parte de la vida de este mundo infinito, de esta existencia, de este universo. El latido de tu corazón llega a ser uno con el latido de toda la existencia. Tu respiración llega a ser una con la existencia, tu fuerza vital comienza a latir como una con la existencia. Ningún límite permanece, ninguna diferencia entre tú y la existencia.

Entonces, sabes: "*Aham brahmasmi*, yo soy Dios". Entonces te das cuenta de que lo que has conocido como tu "yo" es una parte esencial de toda la existencia. "Yo soy existencia". Yo le llamo a esto la experiencia de la divinidad.

◇◇◇◇◇◇◇◇◇◇◇◇◇◇◇◇◇◇◇◇◇◇

No hay más preguntas. Ahora, por un momento, la gente que quiera verme a solas por unos minutos, puede verme. Si quieren preguntar algo en privado, también lo pueden hacer.

Capítulo 9
Un paso a la vez

Mis muy amados:

Durante estos tres días, ha habido en sus corazones grandes baños de amor, de paz y de dicha. Soy uno de esos pájaros que no tienen nido, pero me han dado un lugar en su corazón: han amado mis pensamientos y el flujo de mi corazón. Los han escuchado silenciosamente y han tratado de entenderlos, y han expresado amor por ellos. Estoy agradecido con ustedes por ello. Estoy agradecido con ustedes por lo que he visto en sus ojos, en su alegría, en las lágrimas que han venido de su alegría.

Me siento muy contento. Estoy contento por el hecho de que he sido capaz de crear sed de felicidad en ti. Me siento contento porque he sido capaz de hacer que te sientas insatisfecho. Esto es lo que veo en mi vida y quizá éste es mi trabajo: hacer a aquellos que están quietos y satisfechos, descontentos; despertar a la gente que se está moviendo tranquilamente, y decirle que esa vida de ellos, no es realmente vida, que lo que creen que es vida es sólo decepción y muerte. Porque una vida que sólo termina en muerte, no puede ser considerada vida. Sólo una vida que te dirige a la vida eterna es realmente vida.

Durante estos tres días has tratado de vivir esta vida verdadera, has tratado de enfocarte en ella. Si tu determinación es fuerte, si tu anhelo es profundo, no será imposible que sacies completamente la sed que has apagado sólo un poco durante estos días.

Esta noche, en el momento de la despedida, te diré unas cuantas cosas más. La primera es que si el anhelo de experimentar la divinidad ha llegado a ser un flama dentro de ti, haz de ese anhelo acción rápidamente. Alguien que pospone hacer algo bueno, lo perderá, y alguien que se apresura a hacer algo malo, también lo perderá. Alguien que pospone hacer el bien, fallará, y alguien que se apresura a hacer el mal, también fallará.

Ésta es una de las claves de la vida: detente y pospón cuando estés a punto de hacer algo mal; pero no te detengas ni pospongas cuando estés a punto de hacer algo bien.

Si un buen pensamiento llega a tu mente, ayudará comenzar a actuar en él inmediatamente, porque el mañana es incierto, el siguiente momento es incierto. Si estaremos o no, no es posible decirlo. Antes de que la muerte nos lleve, tenemos que probar concluyentemente que no es nuestro destino sólo morir. Antes de la muerte, tenemos que aprender a experimentar algo que está más allá de la muerte. Y la muerte puede venir en cualquier momento; tengo que estar listo en todo momento. Así que no lo pospongas para mañana. Si sientes que algo es correcto, actúa de inmediato.

Anoche, cuando estábamos sentados en el lago, te platiqué acerca de un lama en el Tíbet. Alguien había ido a verlo y a preguntarle acerca de la verdad. Es una tradición en el Tíbet que des tres vueltas alrededor de un lama, que te postres a sus pies y que, entonces, le hagas tu pregunta. Este joven hombre fue a él y le dijo:

—¡Tengo una pregunta! ¡Dame una respuesta!

El lama dijo:

—Primero, completa los ritos formales.

El joven hombre respondió:

—Estás pidiendo el rito de las tres vueltas. Puedo caminar alrededor de ti tres mil veces, pero si muero durante esas tres veces antes de que haya conocido la verdad, entonces, ¿de quién será la responsabilidad?, ¿mía o tuya? Así que primero responde mi pregunta y luego completaré las rondas —y repitió—, ¿quién sabe? Puedo morir a la mitad de la serie.

Así que la comprensión más significativa del meditador es la conciencia de la realidad de la muerte. Debe ser constantemente consciente de que ésta puede suceder en cualquier momento: "Iré a dormir hoy y, ¿quién sabe?... Puede ser la última noche. Puede que nunca me levante en la mañana. Así que esta noche deberé ir a la cama de tal forma que nada se quede incompleto y pueda dormir en paz. Si la muerte llega, será bienvenida".

Así que no pospongas nada hermoso para mañana. Y pospón cualquier cosa mala lo más que puedas; la muerte puede llegar entre tanto, y serás salvado de hacer algo malo. Si tienes la idea de hacer algo malo, posponlo tanto como puedas. La muerte no está muy lejos; si puedes sólo posponer alguna de tus malas acciones por diez o veinte años, tu vida podría llegar a ser divina. La muerte no está muy lejos, si alguien es capaz de posponer sus actos malvados por unos cuantos años, su vida puede llegar a ser pura. La muerte no es muy lejana. Y alguien que pospone hacer algo bueno por largo tiempo no experimentará ninguna dicha en su vida.

Así que quiero recordarte que es una urgencia hacer algo bueno. Y si estás sintiendo algo bueno, entonces sólo comienza con ello. No pienses y lo pospongas hasta mañana. Una persona que piensa que hará algo mañana realmente no lo quiere hacer. "Lo haré mañana", es una manera de posponer. Si no quieres hacer algo, debes ser claro con que no quieres hacerlo; ése es otro asunto. Pero posponerlo hasta mañana es peligroso. La persona que pospone algo hasta mañana está en el camino de posponer siempre. Alguien que deja algo para mañana, en cierto modo, lo dejó perder para siempre.

Si algo en la vida se siente bien, entonces el momento en que se siente bien es también el momento de actuar. Tienes que comenzar justo en ese momento.

Así que mantén en la mente la urgencia de hacer cosas que son buenas y de aplazar cosas que son malas. También guarda en la mente que las claves que te he dado para experimentar con el bien y la verdad no son doctrinas intelectuales. En otras palabras:

no estoy interesado en explicarte doctrinas. No estoy interesado en lo académico.

Te he platicado sobre estas claves para persuadirte de actuar en ellas. Y si trabajas en ellas, ellas pueden hacer algo por ti. Si estás listo para hacer algo con ellas, estas claves te ayudarán. Y si las usas, ellas te transformarán. Estas claves están muy vivas, son como el fuego: si las enciendes sólo un poco, puedes experimentar el nacimiento de un nuevo ser humano en ti.

El primer nacimiento lo vivimos por nuestros padres. No es un nacimiento, es sólo la llegada de una nueva muerte. Es otro ciclo que terminará en muerte. No es un nacimiento, es sólo tomar un nuevo cuerpo.

Hay otro nacimiento que no consigues a través de tus padres, pero que sucede a través de la meditación. Y es el real nacimiento. Es sólo después de ese nacimiento que uno llega a ser *dwija*: dos veces nacido. Uno tiene que darse ese nacimiento por sí mismo. Así que no te sientas satisfecho y descansado hasta que hayas conocido este segundo nacimiento dentro de ti. Hasta entonces, ninguna energía debe permanecer inactiva dentro de ti. Así que reúne todas tus energías y ¡comienza a moverte!

Si has trabajado duro, con determinación, en la pocas claves que te he dado, muy pronto descubrirás que una persona está naciendo en tu interior, el nacimiento de un ser humano totalmente nuevo. Y el mundo exterior llegará a ser nuevo por extensión, mientras este nuevo ser humano está naciendo dentro de ti.

Hay una gran luz en el mundo, gran brillo y extraordinaria belleza. Si sólo tuviéramos los ojos para verla y el corazón para recibirla. Y los ojos para ver y el corazón para recibir pueden nacer en ti. Y ésta es la única razón por la que he compartido estas cosas contigo durante estos últimos tres días.

En un sentido, no hay mucho objetivos; de hecho, hay sólo unos pocos. He hablado contigo acerca de dos objetivos: que la vida debe ser pura y que la conciencia debe estar vacía. He dicho sólo estas dos cosas: que la vida debe ser pura y la conciencia debe estar vacía. De hecho, he dicho sólo una cosa: que la conciencia debe estar vacía. La purificación de la vida es sólo una base para esto.

Cuando la conciencia está vacía, el vacío te da la capacidad de ver y develar el oculto secreto de la existencia. Entonces, no ves las hojas como hojas... La vida dentro de las hojas comienza a ser visible para ti. Y en las olas del océano no ves las olas; comienzas a ver qué es lo que hace a las olas. Y entonces, no ves el cuerpo de las personas, comienzas a sentir la vida que está palpitando en sus cuerpos. No hay forma de describir la maravilla, el milagro, que comienzas a sentir.

Te he invitado y llamado aquí para moverte hacia este misterio, y te he dado unas cuantas claves para experimentar este misterio. Estas claves son eternas. Estas claves no son mías ni de nadie más, son eternas. Mientras el hombre ha existido, mientras ha tenido el anhelo de la divinidad, estas claves han estado disponibles. No tienen nada que ver con ninguna religión en particular, no tienen nada que ver con ninguna escritura; son eternas. Estas claves ya existían antes de que existiera cualquier escritura o cualquier religión, y estas claves continuarán existiendo aun si mañana todas las escrituras religiosas son destruidas, si todos los templos y mezquitas caen al suelo.

La religión es eterna. Las sectas se forman y desaparecen, la religión es eterna. Las escrituras son escritas y destruidas, la religión es eterna; *tirthankaras* y *paigambaras* nacen y desaparecen.

Es posible que llegue un tiempo cuando olvidemos que hubo un Krishna, un Mahavira, un Cristo o un Buda; pero la religión no será destruida. La religión no será destruida mientras el hombre tenga sed y como meta la felicidad en su interior, mientras el hombre quiera ascender más allá de la infelicidad.

Si eres infeliz y eres consciente de que eres infeliz, no vayas tolerando esta infelicidad, no vayas viviendo con ella. Defiéndete contra el sufrimiento y haz algo para deshacerte de él. Hay una muy pequeña diferencia entre lo que un hombre ordinario hace cuando está en sufrimiento y lo que un meditador hace cuando está en sufrimiento. Cuando un hombre ordinario está en sufrimiento, busca un camino para olvidarlo, y cuando un meditador está en sufrimiento, busca un camino para destruir el dolor. Hay sólo dos tipos de personas en el mundo: un tipo está buscando los caminos para olvidar el dolor y el sufrimiento, y el otro tipo está buscando los caminos para destruir el dolor y el sufrimiento. Oro porque tú pertenezcas a la segunda categoría, no a la primera.

Tratar de olvidar el dolor es un tipo de inconsciencia. Durante veinticuatro horas al día estás buscando formas para olvidar tu dolor: hablando con la gente, oyendo música, bebiendo alcohol, jugando cartas, apostando o involucrándote en otra travesura en la que puedas olvidarte de ti, de modo que olvides que tienes mucho dolor en tu interior.

Durante veinticuatro horas al día estás buscando formas de olvidarte de ti mismo. No quieres ver el dolor, porque, si lo haces, te sentirás asustado. Así que haces todo tipo de cosas para olvidar y esconder el dolor. Pero este dolor no desaparece por más que olvidemos que las heridas no se curan ocultándolas. Cubriéndolas con hermosas ropas no hacemos la diferencia. Por el contrario, cubriéndolas con hermosas ropas se vuelven más venenosas y mortales.

Así que no escondas tus heridas, descúbrelas y encara tu dolor. Y no trates de olvidarte de él: descúbrelo y conócelo, y descubre formas de destruirlo. Sólo la gente que activamente trata de destruir el dolor y no lo olvida será capaz de conocer los misterios de la vida.

He dicho que hay sólo dos tipos de personas. Llamo a la gente que está buscando una forma de destruir el dolor *religiosa*. Y llamo a la gente que está buscando formas de olvidar el dolor *irreligiosa*. Sólo observa lo que estás haciendo: ¿estás buscando formas de olvidar el dolor? Si todas las formas por las que tratas de olvidar el dolor te fueran quitadas, llegarías a ser aún más miserable.

Hace tiempo le sucedió a un rey que uno de sus ministros le dijo:

—Si encerramos a un hombre en aislamiento, se volverá loco dentro de tres meses.

El rey dijo:

—¿Por qué se volvería loco si le damos buena comida y buenas ropas?

El ministro respondió:

—Pero él se volverá loco. ¿Por qué? Porque en esa soledad, él no será capaz de olvidar su dolor.

Así que el rey dijo:

—Ya veremos. Toma prisionero al más saludable, al más joven y al más feliz hombre de la aldea.

Había un hombre joven en la aldea que era famoso por su belleza y su salud. Este hombre joven fue tomado prisionero y encerrado en una celda. Se le dio todo tipo de confort y comodidades, buena comida y buenas ropas, pero no se le dio nada para que pasara el tiempo. Todo lo que había eran las paredes y el cuarto vacío. Y los guardias que fueron situados con él ni le entendía ni hablaban su lengua. Le fue dada comida, le fue dada agua, pero estaba encerrado. Por un día o dos, él preguntaba gritando sobre el porqué había sido encerrado, había armado un gran lío. Por un par de días no comió. Pero lentamente, lentamente, dejó de gritar y comenzó a comer. Después de cinco o siete días, se observaba que, en su soledad, se había sentado y hablaba consigo mismo. El ministro se lo mostró al rey a través de las ventanas:

—¿Ve cómo ha recurrido a su último recurso para olvidar? Está hablando consigo mismo.

Cuando no hay nadie cerca de ti, comienzas a hablar contigo mismo. Frecuentemente, la gente comienza hablar consigo misma al tiempo que va envejeciendo. Mientras son jóvenes, sus labios

Osho

están cerrados, pero cuando comienzan a envejecer, es como si sus labios se hubieran animado: comienzan a hablar consigo mismos. En el camino debes haber visto gente hablando consigo misma. ¿Qué están haciendo? Están tratando de olvidarse a sí mismos.

Durante tres meses, este hombre joven permaneció encerrado. Cuando fue liberado después de tres meses, se había vuelto loco. ¿Qué significa que se había vuelto loco? Significa que había creado un mundo imaginario a su alrededor: tenía amigos y enemigos, peleaba con ellos y hablaba con ellos. ¿Qué implicaba su locura? Implicaba que el mundo real no estaba disponible para él, no había nadie con quién pelear ni nadie con quién hablar, así que creó un mundo imaginario a su alrededor. Y, entonces, ya no tuvo nada qué hacer en el mundo real; había creado un mundo para sí mismo, donde podía olvidarse de él mismo.

Este hombre joven se volvió loco. Cualquier de ustedes se volvería loco si no tuviera que ir a las tiendas o al trabajo, si no tuviera que pelear con la gente en la mañana y si al despertar por la mañana, no pudiera escapar en estupideces y engancharse en actividades inútiles. Si no tuvieran ninguna distracción durante veinticuatro horas en el día y fueran dejados completamente solos, entonces se volverían locos. Esto es porque, debido a todas esas distracciones, no puedes ver el dolor dentro de ti. Si estuvieras disponible para ver todo este dolor, te suicidarías o encontrarías una manera de volverte loco, usando tu imaginación para olvidarte de ti mismo.

Una persona religiosa es alguien que, si se deja sola, completamente sola, no sentirá dolor ni buscará un escape.

En Alemania, hubo una vez un monje llamado Eckhart. Un día se fue al bosque y se sentó solo bajo un árbol. Algunos de sus amigos también caminaron en el bosque. Cuando vieron que Eckhart estaba solo, fueron con él y dijeron:

242

—Amigo, vimos que estás sentado aquí solo, así que pensamos que podríamos venir y hacerte compañía.

Eckhart los miró y dijo:

—Amigos, hasta ahora he estado con Dios. Su llegada me ha hecho sentir solo.

¡Lo que dijo es verdaderamente sorprendente! Estás justo en lo opuesto: estás con alguien u otros por veinticuatro horas al día, así que no tienes que estar contigo mismo. Estás con alguien u otros por veinticuatro horas al día, así que no te encuentras contigo mismo. Tienes miedo de ti mismo; en este mundo, todos tienen miedo de sí mismos. Este temor de ti mismo es una cosa peligrosa.

Las claves que he mencionado te introducirán contigo mismo y destruirán este temor, y estarás en un estado en el que, aun si estuvieras completamente solo en este planeta, absolutamente solo, estarías verdaderamente tan dichoso como si la tierra entera estuviera llena de gente. Estarías en la misma dicha totalmente solo, como si estuvieras con gente a tu alrededor. Sólo alguien que ha experimentado la dicha de estar solo no tendrá miedo a la muerte, porque la muerte te hace completamente solitario. ¿Qué más puede hacer? La única razón por la que le temes tanto a la muerte es que nunca has existido, sólo la multitud ha existido. Pero la muerte se llevará a la multitud; se llevará todas tus relaciones y te quedarás completamente solo… y la soledad trae miedo.

Todo lo que hemos discutido sobre la meditación durante estos tres días es básicamente un experimento para llegar a estar totalmente solo, para moverse en una total soledad. Tienes que ir al centro, donde sólo estás tú, nadie más.

Y este centro es increíble. Alguien que experimenta este centro experimentará la profundidad que está bajo el océano. Tú estás sólo flotando en las olas del océano e ignoras que bajo esas olas están escondidas infinitas profundidades donde ninguna ola ha ido, donde ninguna ola ha entrado.

Hay muchas profundidades dentro de ti. En soledad, mientras más lejos camines de la gente y en tu interior, mientras más

243

dejes a los demás y camines dentro de ti, más profundamente entrarás en tu interior. Y es un gran misterio que mientras más profundamente vayas dentro de ti, más alto irás en tu vida exterior.

Es un principio matemático. Es un principio de las matemáticas de la vida que mientras más profundamente vayas dentro de ti, más altura experimentarás en tu vida exterior, y que mientras menos profundo vayas dentro de ti, menos altura alcanzarás en el exterior. Para alguien que no ha andado del todo en su profundo interior, no hay altura en el exterior. A la gente que ha profundizado dentro de sí misma, la llamamos *avanzada*, y como resultado de esa profundidad también han crecido en el exterior.

Así que si quieres altura en tu vida, tendrás que ir a lo profundo de tu interior. La fuente de tu profundidad es *samadhi*. *Samadhi* es la profundidad suprema.

Te he dicho algunas cosas sobre cómo dar los pasos para ir hacia *samadhi*: cómo disciplinarte y cuidarte, cómo sembrar las semillas que brotarán en flores divinas. Pero si incluso sólo unas cuantas cosas se introducen en tu mente, si incluso una semilla cae en la tierra de tu corazón, no hay razón por la que no debiera brotar y darte la experiencia de una nueva vida.

Suelta el deseo de continuar viviendo tu vida de la misma manera en que la has estado viviendo. No hay sentido en ello. Haz un espacio en tu vida para algo nuevo. Si continúas viviendo de la misma manera en que has estado viviendo, la muerte será el único resultado.

Este deseo, este descontento, debe cobrar vida en ti. No tengo otro deseo para ti que éste. Usualmente la gente dice que la religión es satisfacción. Y yo digo que sólo la gente religiosa se vuelve inconforme. Cada cosa en la vida crea inconformidad en ellos, y sólo entonces ellos comienzan a mirar hacia la religión.

Así que no te pido que estés satisfecho. No te pido que estés contento. Te pido que estés insatisfecho, que estés completamente insatisfecho. Deja que cada célula de tu corazón, de tu alma, esté inconforme; insatisfecha por lo divino, insatisfecha por la verdad. En el fuego de esta inconformidad tendrás un nuevo nacimiento.

No pierdas ni un momento de este nuevo nacimiento. No hagas del tiempo un obstáculo para él. Para este nuevo nacimiento, también mantén en mente...

> Ayer, alguien me ha preguntado:
> *¿tenemos que renunciar al mundo*
> *para este tipo de meditación?*
> *¿Necesitamos llegar a ser sannyasins?*
> *¿Qué pasará con nuestras familias,*
> *con nuestro mundo,*
> *cuando practiquemos este vacío?*

Es importante decirte algo en este último día acerca de esto. Te digo: la religión no está contra la familia ni el mundo, la religión no se opone a la familia ni al mundo. Y esta idea que ha enraizado en tu mente a través de décadas y siglos pasados, los ha dañado mucho a ambos, a ti y a la religión.

La religión no está contra el mundo. La religión no está contra la familia. La religión no tiene nada que ver con dejarlo todo y huir. La religión es una transformación de tu conciencia. No tiene nada que ver con otras circunstancias, tiene que ver con el estado de tu mente. Es un asunto de cambiar tu mente, no tus circunstancias. Tú te cambias a ti mismo.

Nadie se ha transformado por huir del mundo exterior. Si estoy lleno de odio, ¿qué haré en el bosque? También estaré lleno de odio ahí. Si estoy lleno de ego, ¿qué haré en las montañas? Estaré aún lleno de ego, aunado a que habrá otro peligro. Mientras vivo en la sociedad, en la multitud, me encontraré con mi ego todos los días. Pero en la calma del Himalaya, sentado en la montaña, no habrá nadie y no notaré mi propio ego. Y no notarlo es una cosa totalmente diferente a que el ego desaparezca.

He oído acerca de un *sadhu* que había estado en el Himalaya por treinta años y sentía que en esos treinta años había llegado a estar totalmente en silencio y que su ego había desaparecido. Entonces, uno de sus discípulos le dijo:

—Hay una feria religiosa en el valle, y nos gustaría que vinieras.

Así que bajaron a la feria. Pero cuando se incorporaron a la multitud y un extraño pisó al *sadhu*, él de inmediato se dio cuenta de que su coraje y su ego habían surgido de nuevo. Estaba muy sorprendido:

—El que un extraño haya pisado mi pie me ha mostrado lo que el Himalaya no me mostraría en treinta años.

Así que no hay punto de escape. No tienes que escapar, tienes que transformar. De modo que no tomes el escape como una clave para la vida, prefiere tomar la transformación como la clave. Cuando la religión viene a ser la base del escape, se convierte en lo que no tiene vida. Cuando la religión de nuevo viene a ser la base de la transformación, recuperará su energía vital. Recuerda: tienes que cambiarte a ti mismo, no a tu medio ambiente.

Es un sinsentido cambiar tu medio ambiente. Es engañoso cambiar tu medio ambiente, porque haciendo esto, no notarás cosas ciertas. En un nuevo ambiente, en uno nuevo, la atmósfera silenciosa puede hacer que comiences a pensar que tú has llegado a ser silencio.

Un silencio que no sobrevive en circunstancias desfavorables no es del todo silencio. Ésta es la razón por la que la gente que es inteligente escoge practicar su silencio en circunstancias desfavorables, porque si ellas lo alcanzan en estas circunstancias desfavorables, entonces éste es el silencio real.

Es por eso que no es un asunto de huir de la vida. Toma la vida como una prueba. Y recuerda que toda la gente a tu alrededor es útil para ti. El hombre que abusa de ti en la mañana también te está ayudando; te está dando una oportunidad. Si quieres, puedes encontrar amor dentro de ti. Alguien que expresa su enojo hacia ti te está ayudando, alguien que te critica te está ayudando. Un hombre que salpica lodo todo a tu alrededor te está ayudando. Alguien que siembra espinas en tu camino está también ayudándote, porque ésa es también una oportunidad y una prueba. Si eres capaz de ir más allá de ello, te sentirás endeudado con él. Lo que los santos no pueden enseñarte en este mundo, tus enemigos lo hacen.

Lo diré de nuevo: lo que los santos no pueden enseñarte en este mundo, los enemigos lo hacen. Si estás alerta y tienes la inteligencia de aprender, puedes hacer una escalera con todas y cada una de las piedras de tu camino. Pero las personas ignorantes toman cada escalón-piedra como obstáculos y se detienen ahí. Si eres inteligente, entonces cada piedra puede hacer un escalón-piedra. Si eres inteligente, cada piedra será un escalón.

Piensa en esto un poco. Haz de tu casa, de tu familia y de todas las cosas que ves como obstáculos, porque crees que ellas pueden evitarte llegar a ser silencio, el centro de tu meditación, y verás que esas cosas te ayudarán a ser silencio. ¿Qué son las cosas que no te permiten ser silencio? ¿Cuál es el obstáculo en la familia? ¿Cuáles son las cosas que te lo impiden? Sólo piensa en si puede haber una forma de hacerlas escalones-piedra. Definitivamente hay formas. Y si piensas en ello y lo entiendes, encontrarás una manera.

¿Cuál es la lógica que te dice que si dejas a tu familia llegarás a ser silencio y experimentarás la verdad? No hay lógica real. Trata de entender tu vida y tu mente correctamente, y usa todas las circunstancias alrededor de ti. Pero, ¿qué haces? No usas estas circunstancias, en vez de eso, las circunstancias te usan.

Permaneces perdiendo toda tu vida porque no haces uso de las circunstancias y, en vez de ello, les permites hacer uso de ti. Y permaneces perdido, porque vas reaccionando, nunca actúas.

Si me insultas, inmediatamente te insultaré aun más fuerte. Si abusas de mí, abusaré aun más de ti, incluso usando palabras más abusivas. Y no creeré que sólo estoy reaccionando. Una palabra abusiva me ha sido dicha, así que devuelvo dos. Esto no es acción, esto es reacción.

Si miras tu vida durante veinticuatro horas, encontrarás que sólo hay reacciones. Alguien hace algo y, en reacción a ello, haces algo. Te pregunto: ¿haces algo que no sea una reacción a algo más, que no sea una respuesta a algo, que no haya venido como una reacción a algo, que no sea una reacción sino una acción? Ésta es la disciplina de la acción.

Si piensas en ello, verás que has estado reaccionando veinticuatro horas al día. Otros hacen algo, y tú haces algo en reacción a ello. ¿Has hecho algo que sólo tú hayas hecho, algo que se haya originado en ti y haya nacido de ti? Sólo mira ello y medita en ello… Así que justo en el medio de tu familia, de la casa y del mundo, alcanzarás *sannyas*.

Sannyas no está en oposición al mundo; *sannyas* es una purificación del mundo. Si comienzas a ser puro dentro del mundo, un día encontrarás que has llegado a ser un *sannyasin*. Ser un *sannyasin* no es un cambio de ropa… Que cambies tus ropas y llegues a ser un *sannyasin*. *Sannyas* es la transformación, el desarrollo de tu ser absoluto. *Sannyas* es un crecimiento. Éste es un lento, muy lento, desarrollo.

Si una persona usa su vida correctamente, usando cualquier circunstancia que surja, encontrará que lentamente, lentamente, un *sannyasin* está naciendo dentro de él. Es un asunto de pensar en tus actitudes y hacerlas puras y vacías.

Mira en tu interior y ve qué actitudes tienes que te estén haciendo más mundano. Recuerda: la otra gente no te está haciendo mundano. Estás con tu familia… Ahora, ¿cómo tu padre o tu esposa pueden hacerte mundano? Es el sentimiento que unes al que tienes por tu padre o por tu esposa lo que te hace mundano.

¿Qué pasará si huyes de tu esposa? Esos apegos se irán contigo. Nadie puede huir de sus apegos. Si fuéramos capaces de huir de ellos, la vida sería muy fácil. Pero si corres, todos tus apegos se irán contigo, te seguirán como tu sombra; los impondrás en algo más; crearás una nueva casa en algún lado.

Incluso, tus así llamados grandes *sannyasin* terminan creando grandes casas. Ellos tienen su casa, y nuevos apegos, nuevas infatuaciones surgen; y, de nuevo, comienzan a vivir entre la felicidad y la pena. Porque ellos traen sus apegos con ellos, ellos llegarán a un nuevo lugar también. Esto no hace la diferencia. La gente puede cambiar, pero estas cosas permanecerán siendo las mismas.

Así que no te digo que dejes cosas y huyas. Te digo que dejes tus actitudes. Las cosas permanecen como son, pero tus actitudes hacia ellas cambiarán; y serás libre.

Hubo una vez un rey en Japón. Un *sannyasin* había vivido fuera de la villa del rey por algún tiempo, recostado bajo un árbol. Era un *sannyasin* único: tenía mucha gracia y brillo, mucha luz; ¡había mucha fragancia en su vida! Gradualmente, mientras el rey iba sintiéndose atraído por este magnetismo, iba hacia él. Lo miró tendido ahí por muchos días y casi fue a sentarse a sus pies. La influencia del *sannyasin* creció en el rey y, un día, le dijo:

—¿No sería mejor si dejaras este árbol y vinieras conmigo al palacio?

El *sannyasin* dijo:

—Como quieras. Puedo ir a donde sea.

El rey estaba un poco sorprendido. El respeto que había estado sintiendo durante todos esos días recibió una sacudida.

Él había pensado que el *sannyasin* diría: "¿El palacio? Pero soy un *sannyasin*. ¿Qué podría hacer en un palacio?".

Esto es lo que los *sannyasins* usualmente dicen si su *sannyas* es una cosa aprendida: su respuesta será: "Nosotros, los *sannyasins*, no tenemos nada qué hacer en los palacios, los hemos abandonado". Pero este *sannyasin* dijo: "Como quieras. Puedo ir a cualquier parte".

El rey estaba conturbado. Y pensó: "¿Qué tipo de *sannyasin* es éste?".

Pero le había hecho la invitación él mismo, así que no podía retractarse. Tenía que llevarlo consigo. De modo que el *sannyasin* fue con el rey, quien hizo los arreglos necesarios para él, como si fuera él mismo. El *sannyasin* comenzó a vivir ahí y a disfrutarlo. Grandes camas fueron hechas para él, y dormía en ellas. Grandes alfombras habían sido extendidas para él, y caminaba sobre ellas. Deliciosa comida le había sido dada, y la comía. El rey ya no estaba dudoso, estaba seguro. Pensaba: "¿Qué tipo de *sannyasin* es éste? No ha dicho ni siquiera una vez que no sería capaz de dormir en esos colchones, que él podría dormir sólo en tablas. Él no dijo ni siquiera una vez que podría no ser capaz de comer esa deliciosa comida, que podría comer sólo una comida muy simple". Se estaba volviendo más y más difícil para el rey digerir que él viviera ahí. Sólo una semana o diez días habían pasado cuando el rey le dijo:

—Disculpa, pero he tenido una duda en mi mente.

Y el *sannyasin* dijo:

—No es sólo ahora, ya estaba ahí desde el día en que me pediste que viniera contigo. Esta duda no comenzó justo ahora, ya había comenzado ese día. Pero dime, ¿cuál es tu duda?

Y el rey le dijo:

—La duda es acerca de qué tipo de *sannyasin* eres tú, y cuál es la diferencia entre tú, un *sannyasin*, y yo, un hombre mundano.

El *sannyasin* dijo:

—Si quieres ver la diferencia ven conmigo fuera de la aldea.

El rey dijo:

—Quiero saber. Mi mente está muy perturbada por esta duda. Ahora, hasta mi sueño está perturbado. Era mejor cuando estabas bajo el árbol, entonces te tenía respeto. Ahora que estás en el palacio, mi respeto se ha ido.

El *sannyasin* llevó al rey fuera de la aldea. Cuando cruzaron el río, se encontraban en los límites de la aldea, y continuaron caminando. De modo que el rey le dijo:

—Por favor, dime ahora.

Pero el *sannyasin* le dijo:

—Vamos a caminar un poco más lejos.

Hacía mucho calor. Era el mediodía y el sol estaba sobre sus cabezas. El rey dijo:

—Finalmente, dime ahora. Hemos llegado muy lejos.

El *sannyasin* dijo:

—Esto es lo que quiero decir: que ahora no regresaré, continuaré caminando. ¿Vienes conmigo?

Entonces, el rey dijo:

—¿Cómo puedo ir contigo? He dejado a mi familia, a mi esposa y mi reino atrás.

Pero el *sannyasin* le dijo:

—Si eres capaz de ver la diferencia, vela. Yo continúo, y no he dejado nada detrás. Cuando estaba en el palacio, estaba en el palacio, pero el palacio no estaba dentro de mí. Yo estaba dentro del palacio, pero el palacio no estaba en mi interior. Es por eso que me puedo ir ahora.

El rey cayó a sus pies. Su duda había sido aclarada. Dijo:

—¡Perdóname! Me arrepentiré toda mi vida. Por favor, regresa.

El *sannyasin* dijo:

—Puedo regresar ahora, pero tu duda también regresará. No me importa si regreso en vez de irme. Puedo, pero tu duda regresará de nuevo. Por compasión hacia ti, continuaré caminando. Mi compasión me dice que continúe.

Y te recuerdo que la desnudez de Mahavira es más por su compasión que por cualquier compulsión de estar desnudo. ¿Y un verdadero *sannyasin* se recuesta en el bosque? Es lo de menos, porque sus apegos para recostarse en el bosque vienen de la compasión por ti. E ir desnudo de puerta en puerta para pedir limosna es menos por un deseo de pedir que por compasión hacia ti. De otra forma, en vez de pedir, él podría vivir en tu casa, y en vez de dormir en el exterior, en el camino, él podría dormir en un palacio.

No hace la diferencia para un *sannyasin*. Sí, esto hace la diferencia para un *seudosannyasin*.

No hace ninguna diferencia para un verdadero *sannyasin*, porque nada entra en su conciencia. Las cosas están en su propio lugar; los muros del palacio están donde están; los cojines en los que estamos sentados están en su lugar. Si ellos no entran en mi conciencia, entonces, yo soy intocable para ellos; estoy muy lejos de ellos.

No te pido que abandones el lugar donde estás. Sólo te pido que cambies lo que eres. No te pido que escapes de donde estás; la gente débil escapa. Te pido que cambies, y este cambio es lo real.

Llega a ser consciente del estado de tu mente y comienza a tratar de cambiarlo. Toma cualquier aspecto y comienza a trabajar desde ahí. Gota a gota, el océano puede llegar a llenarse. Caminado, pulgada a pulgada, la divinidad puede ser encontrada. Sólo da un paso a la vez. No te estoy pidiendo que hagas más que eso. La divinidad puede ser encontrada simplemente por dar un paso a la vez. Y no creo que tú no tengas la capacidad, que tú no estés dispuesto a llegar a.

Alguien me estuvo diciendo: "Soy débil, no tengo mucha capacidad. ¿Cómo llego a?".

Sin importar lo débil que seas, todos son capaces de dar un paso. Y, ¿necesito preguntarte…?, ¿la gente más capaz ha llegado a dar más de un paso a la vez? Incluso, los más capaces no han dado más de un paso a la vez. Y todos son capaces de dar un paso a la vez.

Así que da el paso. Y, luego, da otro paso. Siempre tienes que dar sólo un paso. Pero alguien que continúa dando sólo un paso a la vez cubrirá distancias infinitas. Y cualquiera que no da un paso, porque cree que no puede pasar mucho al dar un paso a la vez, nunca alcanzará nada.

De modo que te invito a dar ese solo paso. Has oído mis pláticas con mucho amor y con mucha paciencia. Siento una gran alegría y gratitud por ello. Y estoy agradecido contigo. Estoy muy agradecido por el lugar que me han dado en sus corazones. Por ello, por favor, acepten mis muchas, muchas, gracias y mi amor.

◇◇◇◇◇◇◇◇◇◇◇◇◇◇◇◇◇◇◇◇

Ahora, nos sentaremos para el último experimento de meditación de hoy, y luego diremos adiós y nos iremos. Y te digo adiós con esta esperanza: que cuando nos encontremos de nuevo, veré que tu silencio ha profundizado y tu dicha ha crecido; que has dado el paso que te he pedido que des; que unas cuantas gotas del néctar han entrado en ti y que tú te has acercado más a la inmortalidad. Puede que la divinidad te dé la capacidad de, al final, dar un paso. Después de ello, los próximos pasos se sucederán por sí mismos.

Después de la meditación nocturna, nos iremos en silencio. En la mañana no estaré disponible para verte, pues me iré a las cinco en punto. Así que toma ésta como mi última despedida.

Todos y cada uno, por favor, acepten mi saludo para la divinidad que habita dentro de ustedes. Por favor, acepten mis saludos.

Sobre el autor
OSHO

Osho desafía las definiciones. Sus miles de pláticas cubren todo, desde la misión individual hasta las más urgentes cuestiones sociales y políticas que la sociedad afronta hoy. Los libros de Osho no son escritos, sino transcritos del audio y video de sus improvisadas pláticas a audiencias internacionales. Como él mismo dice: "Así que recuerda: lo que sea que esté diciendo, no es sólo para ti... Estoy hablando también para las generaciones futuras".

Osho ha sido descrito por *The Sunday Times* de Londres como uno de los "1000 Makers of the 20th Century" (incluido en el libro del mismo nombre; en español: *1000 creadores del siglo XX*) y por el autor estadounidense Tom Robbins como "uno de los hombre más peligrosos desde Jesucristo". El *Sunday Mid-Day*, de la India, lo ha señalado como una de las diez personas —junto con Gandhi, Nehru y Buda— que han cambiado el destino de ese país.

Acerca de su propio trabajo, Osho ha dicho que está ayudando a crear las condiciones para el nacimiento de un nueva clase de ser humano. A menudo describe a este nuevo ser humano como "Zorba el Buda", capaz de disfrutar tanto los placeres mundanos de Zorba el Griego como el sereno silencio de Gautama el Buda.

Si revisamos todos los aspectos de sus pláticas y meditaciones, encontramos que es una visión que abarca la eterna sabiduría de las épocas antiguas y el más alto potencial de la ciencia y tecnología de la actualidad (y del futuro).

Osho es conocido por su revolucionaria contribución a la ciencia de la transformación interior, con un enfoque que reconoce el acelerado ritmo de la vida contemporánea. Su Meditación Activa está diseñada para liberarse del estrés del cuerpo y de la mente, de modo que sea más fácil experimentar la quietud y la relajación libre del pensamiento, en la vida diaria.

Hay dos trabajos autobiográficos del autor a los que se puede acceder:

~ *Autobiografía de un místico espiritualmente incorrecto*
Editorial Kairos, Barcelona

Índice

OSHO
International Meditation Resort

Localizado a 160 kilómetros al sureste de Bombai, en la próspera y moderna ciudad de Pune, India, el Resort de Meditación Osho Internacional es un destino de descanso diferente. Se extiende por doce hectáreas de jardines espectaculares en un área residencial hermosamente arbolada.

Exclusividad

Cada año, el Resort da la bienvenida a miles de personas de más de cien países. Las exclusivas instalaciones dan la oportunidad de una experiencia personal y directa de una nueva forma de vida: con más conciencia, relajación, celebración y creatividad. Hay una gran variedad de programas durante todo el día y están disponibles todo el año. ¡Hacer nada y sólo relajarse es uno de ellos!

Todos los programas se basan en la visión de "Zorba el Buda" de Osho: un cualitativamente nuevo tipo de ser humano, que es capaz tanto de participar creativamente en la vida cotidiana como de relajarse en el silencio y en la meditación.

Los detalles

Meditaciones

Un completo programa diario de meditaciones para cada tipo de persona, incluidos métodos activos y pasivos, tradicionales y revolucionarios, y, en particular, la Meditación Activa Osho®. Las meditaciones se llevan a cabo en lo que debe ser el más grande salón de meditación en el mundo: el Auditorio Osho.

Multiversidad

Sesiones individuales, cursos y talleres que cubren todo, desde las artes creativas de la salud holística, la transformación personal, las relaciones y la transición de la vida, el trabajo de la meditación, las ciencias esotéricas y el enfoque "Zen" de los deportes y la recreación. El secreto del éxito de la Multiversidad reside en el hecho de que todos los programas están combinados con meditación, que sustenta la comprensión de que, como seres humanos, somos mucho más que la suma de nuestras partes.

Basho Spa

El lujoso Basho Spa dispone de una relajante área de natación al aire libre rodeada de árboles y jardines tropicales. El exclusivo estilo, el espacioso jacuzzi, los saunas, el gimnasio, la cancha de tenis… Todo esto realzado por un escenario asombrosamente bello.

Cocina

Una variedad de diferentes áreas para comer, en las que se sirve deliciosa comida vegetariana occidental, asiática e hindú; la mayor parte de ella cultivada especialmente de forma orgánica para el Resort. Pan y pasteles son horneados en nuestros propios hornos.

Vida nocturna

Hay muchos eventos nocturnos para elegir: ¡bailar encabeza la lista! Otras actividades incluyen meditaciones de luna llena bajo las estrellas, una variedad de espectáculos, representaciones musicales y meditaciones para la vida cotidiana.

O puedes sólo disfrutar de convivir con la gente en el Plaza Café, o caminar en la serenidad nocturna de los jardines de este ambiente de cuento de hadas.

Instalaciones

Puedes comprar todo lo que requieras para tus necesidades básicas y tus artículos de tocador en la Galería. La Galería Multimedia vende una amplia gama de productos multimedia de Osho. También hay un banco, una agencia de viajes y un cibercafé en las instalaciones.

Para aquellos que disfrutan de las compras, Pune cuenta con todas las opciones, desde los tradicionales y étnicos productos indios hasta todos los almacenes de marca mundial.

Hospedaje

Puedes elegir quedarte en una de las elegantes habitaciones del Osho Guesthouse o, para largas estadías, optar por uno de los paquetes del programa Living-In. Además, hay una gran variedad de hoteles cercanos y apartamentos de servicio.

www.osho.com/meditationresort
www.osho.com/guesthouse
www.osho.com/livingin

Para más información

Gracias por comprar este libro de OSHO.

No fue hace mucho tiempo cuando los sitios web eran la única fuente de toda la información y las redes sociales eran consideradas vehículos para que los adolescentes y los estudiantes interactuaran y compartieran intereses personales. Los tiempos han cambiado, y nosotros también.

Puedes encontrar más contenido único de OSHO en múltiples lenguas y formatos en la siguiente página de Internet:

sitio oficial: *www.osho.com*

Puedes encontrar acceso abierto a la librería de OSHO para que busques sobre tu tema favorito:

www.osho.com/Library

Una completa presentación de todas las meditaciones de OSHO y música relacionada puede ser encontrada en:

www.osho.com/Meditation

Si planeas visitar el Resort de Meditación Osho Internacional, puedes acudir a:

www.osho.com/MeditationResort

Las últimas noticias sobre actividades, festivales, comunicados de prensa y citas son actualizadas diariamente en:

www.facebook.com/osho.International

Los sucesos más recientes, incluida la información acerca de los cursos multiversos, son actualizados diariamente en:

www.facebook.com/osho.International.Meditation.Resort

Puedes despertar con una cita diaria de OSHO en:

www.twitter.com/oshotimes

Tu acceso instantáneo al canal de video de OSHO lo puedes encontrar en:

www.youtube.com/oshoInternational

Para que OSHO sea accesible en tu lengua local, puedes registrar, transcribir o traducir sus pláticas en:

www.oshotalks.info

Por favor, tómate un momento para registrarte y navegar en estos sitios que te brindarán mucha información sobre OSHO.

También puedes descubrir mucha diversión y formas fascinantes de participar en las actividades de OSHO en todo el mundo.

Feliz lectura.

El sendero de la meditación. Una guía paso a paso a la meditación de Osho, fue impreso y terminado en julio de 2013 en Encuadernaciones Maguntis, Iztapalapa, México, D. F. Teléfono: 5640 9062.

Preprensa: Daniel Bañuelos Vázquez

Cuidado de la edición: Karla Bernal Aguilar

Interiores: Angélica Irene Carmona Bistráin

15875205R00150

Made in the USA
San Bernardino, CA
09 October 2014